EROS E PSIQUÊ

Biblioteca
Psicologia e Mito

ERICH NEUMANN

EROS E PSIQUÊ

Amor, Alma e Individuação no
Desenvolvimento do Feminino

Tradução
Zilda Hutchinson Schild

Editora
Cultrix
SÃO PAULO

Título do original: *Amor und Psyche Deutung Eines Märchens.*
Copyright © Do Conto de Fadas: Insel Verlag, Frankfurt 1926.
Copyright © Do Comentário: Walter-Verlag AG, Olten 1971.
Copyright da edição brasileira ©1980 Editora Pensamento-Cultrix Ltda.
1ª edição 1980.
2ª edição 2017.
4ª reimpressão 2023.
Texto de acordo com as novas regras ortográficas da língua portuguesa.
Todos os direitos reservados. Nenhuma parte desta obra pode ser reproduzida ou usada de qualquer forma ou por qualquer meio, eletrônico ou mecânico, inclusive fotocópias, gravações ou sistema de armazenamento em banco de dados, sem permissão por escrito, exceto nos casos de trechos curtos citados em resenhas críticas ou artigos de revistas.
A Editora Cultrix não se responsabiliza por eventuais mudanças ocorridas nos endereços convencionais ou eletrônicos citados neste livro.
Originalmente publicado com o título de *Amor e Psiquê.*

Editor: Adilson Silva Ramachandra
Editora de texto: Denise de Carvalho Rocha
Gerente editorial: Roseli de S. Ferraz
Produção editorial: Indiara Faria Kayo
Editoração eletrônica: Join Bureau
Revisão: Bárbara Parente

Dados Internacionais de Catalogação na Publicação (CIP)
(Câmara Brasileira do Livro, SP, Brasil)

Neumann, Erich, 1905-1960
    Eros e Psiquê: amor, alma e individuação no desenvolvimento do feminino / Erich Neumann; tradução Zilda Hutchinson Schild. – 2. ed. – São Paulo: Cultrix, 2017. – (Coleção biblioteca psicologia e mito)

    Título original: Amor und Psyche Deutung Eines Märchens.
    ISBN 978-85-316-1390-6

    1. Feminino 2. Mitologia 3. Psicologia junguiana I. Título.

17-02052   CDD-150.1954

Índices para catálogo sistemático:
1. Eros e Psiquê: Psicologia junguiana   150.1954

Direitos de tradução para a língua portuguesa adquiridos com exclusividade pela EDITORA PENSAMENTO-CULTRIX LTDA., que se reserva a propriedade literária desta tradução.
Rua Dr. Mário Vicente, 368 — 04270-000 — São Paulo, SP
Fone: (11) 2066-9000
http://www.editoracultrix.com.br
E-mail: atendimento@editoracultrix.com.br
Foi feito o depósito legal.

Para esta interpretação de
"Eros e Psiquê", Erich Neumann
baseou-se na tradução para o alemão
do original latino por A. Schaeffer.

Sumário

Prefácio Necessário do Tradutor do Conto de Apuleio 9

Apuleio:
Eros e Psiquê: Um Conto de Fadas 13

Erich Neumann:
Eros e Psiquê 71

Epílogo 187

Notas Bibliográficas 199

PREFÁCIO

Necessário do Tradutor do Conto de Apuleio

Eu me sentiria desajeitado se buscasse entrincheirar um livro como este, leve e divertido, cujos trechos na maioria são até mesmo frívolos, por trás de uma tradução objetivamente espinhosa. Como, no entanto, o leitor talvez considere seu estilo um tanto estranho, devo inicialmente adverti-lo de que as peculiaridades desse estilo não provêm da minha pena. Ao contrário, quando um contemporâneo de Goethe, Rode, fez a primeira e única tradução até hoje existente deste texto, ele deturpou a forma dessa obra com a observação de que Apuleio não sabia escrever muito bem, o que o levou a suprir essa deficiência com a própria habilidade.

Opondo-me a essa arrogância habitual dos filólogos e dos diletantes, fiz meu trabalho procurando manter-me fiel ao original tanto quanto me permitiram as diferenças da língua; abstive-me principalmente de introduzir qualquer palavra ou modificação pessoais, a não ser quando a ininteligibilidade de determinados textos exigiram uma elucidação do sentido ou do objetivo.

Se, portanto, a soma total da habilidade estilística — esse precioso total de delicados jogos de palavras, esse estilo barroco empolado acompanhado do brilho de palavras estrangeiras, de trocadilhos, de jogos de sílabas, de obliterações, de assonâncias e de rimas, juntamente com uma elaboração de frases entrelaçadas repletas de ramificações incrivelmente abstratas — foi conservada, ainda assim é preciso que eu enfatize que este texto ainda perde no que se refere à confusão e à complicação pretendidas pelo original na ordem de apresentação das palavras.

Essa formação de frases, como o leitor humanista deve recordar por ter lido Horácio, é significativamente mais livre no latim do que no alemão; e, usando essa liberdade ou arbitrariedade, Apuleio fez o que era humanamente possível, de forma que entre as suas frases em latim e as minhas em alemão, *mutatis mutandis*, ainda pode haver alguma diferença, como por exemplo entre a frase de C. F. Meyers e Maximilian Hardens. *Ultra posse nemo obligatur:* cada língua tem suas normas e limites, todas parecem ser exatamente opostas, com exceção da língua de Apuleio.

Senti-me no direito de fazer algumas pequenas e outras grandes reduções no último livro, visto que a intenção de Apuleio era oferecer ao leitor da época em que viveu uma leitura amena; como ele desejaria apresentar o mesmo ao leitor moderno, caso pudesse ter uma ideia da sua personalidade, creio estar agindo em seu nome ao deixar de lado algumas passagens que este acharia enjoadas e formalmente destituídas de atrativos. Peço então que o leitor aceite de bom grado o que o meu limitado alemão pode oferecer sobre esse amansado e domesticado Asno de Apuleio.

APULEIO

Eros e Psiquê:
Um Conto de Fadas

Em certa cidade, havia um rei e uma rainha que tinham três filhas dotadas de extraordinária beleza. Ainda que fossem muito belas, as mais velhas podiam ser celebradas satisfatoriamente pelos elogios dos homens. Mas não havia linguagem humana que pudesse descrever ou pintar a primorosa e majestosa formosura da filha caçula. Atraídos finalmente pelos boatos sobre essa inusitada beleza, muitos burgueses e estrangeiros ricos afluíram apressadamente à região: adoraram-na como se a moça fosse a própria Vênus, atordoados de admiração pelo fato de ela ser tão arrebatadoramente bela. Ao mesmo tempo, aproximavam da boca o dedo indicador da mão direita curvado sobre o polegar, com devotada adoração.

E logo espalhou-se pelas cidades vizinhas e por todas as regiões limítrofes a fama de que a deusa, nascida das profundezas muito azuis do mar, vestida com o orvalho das espumas da maré cheia, concedia a graça de sua divina presença por todos os lugares, andando no meio da multidão; dizia-se que, com certeza, os borrifos da espuma celeste haviam dado à luz um novo rebento, não nos mares, mas em terra firme; nascera uma nova Afrodite repleta de florescência virginal.

Essa ilusão tornava-se cada dia mais monstruosa; o boato, muitas vezes ampliado, já atravessara as ilhas próximas e vários países, chegando à maioria das províncias.

Logo inumeráveis mortais empreenderam longas viagens atravessando as terríveis correntezas marítimas rumo ao glorioso símbolo do século. Ninguém mais viajava a Pafo, a Cnido ou nem mesmo a Citer a fim de contemplar a deusa Vênus: os sacrifícios em sua honra foram adiados, os templos esquecidos, os bancos abandonados, as cerimônias negligenciadas; os quadros deixaram de ser emoldurados e os altares permaneceram vazios, recobertos de cinzas frias. Sob os traços humanos da jovem, venerava-se o poder imenso da deusa e, durante o seu passeio matinal, elogiava-se o nome de Vênus como se a moça fosse a deusa em pessoa; ofereciam-lhe sacrifícios e alimentos no intuito de obter graças; e as grandes multidões cobriam as vielas por onde ela iria passar de flores soltas e de ramalhetes.

A imoderada transferência de honrarias celestiais para o culto de uma mortal aguçou intensamente os sentidos da verdadeira deusa Vênus que, impaciente, balançando a cabeça de indignação, resmungou em voz baixa, dizendo a si mesma:

"Vê, Grande Mãe da Natureza, origem de todos os elementos; observa como tu, que és a alma de todo o universo, estás dividindo as honras da majestade com uma simples mortal e como o teu nome, nascido no céu, está sendo profanado pela imundície humana! Sinceramente, acaso terás de sofrer, vítima do desconhecimento geral que faz os homens venerarem essa moça que é teu retrato vivo? Acaso terá sido em vão que aquele pastor, em cuja justiça e lealdade Júpiter confiou, te preferisse a todas aquelas Grandes Deusas?* No entanto, seja lá quem for essa menina, não vai apoderar-se das honras que me são devidas: logo a farei arrepender-se de sua ilícita beleza!"

E, imediatamente, chamou seu filho, esse moleque alado e incrivelmente audacioso, de maus hábitos e que com completo e evidente desprezo pela disciplina, anda armado com chamas e dardos pelas casas alheias durante a noite, no intuito

---

* Páris.

de desmanchar casamentos e que, impune, comete as mais vergonhosas ações, além de não fazer nada de bom. Embora por natureza ele já seja malcriado, Vênus o atiça ainda mais com palavras, levando-o até aquela cidade para apontar-lhe Psiquê — pois esse era o nome da moça — em pessoa, depois de lhe contar tudo sobre o confronto de belezas. Disse-lhe, ardente e borbulhante de indignação:

— Pelos laços do amor materno, pelas doces feridas do teu arco, pelas queimaduras eróticas de tuas chamas, vinga-me, mas que seja uma vingança perfeita. Enfrenta com galhardia essa indomável beldade; e uma única coisa fazer com vontade: essa donzela terá de apaixonar-se perdidamente pelo mais horrendo dos homens, cujo destino será a perda da dignidade e da herança; deve perder inclusive a incolumidade do corpo, e descer tão baixo que em todo o mundo não encontre quem queira partilhar do seu sofrimento!

Depois de dizer isso, e de apertar longamente o filho ao coração cobrindo-o de beijos ávidos, ela dirigiu-se à praia da costa mais próxima. Pisando sobre a espuma da orla das ondas revoltas, com pés de solas rosadas, Vênus desceu até o bojo macio do mar; bastava manifestar algum desejo e logo o oceano obediente não tardava em cumpri-lo, como se a deusa já o tivesse formulado anteriormente; e eis que surgiam as filhas de Nereu, cantando em coro, e o áspero Portuno com suas cerradas barbas azuladas, e a pesada Salácia com os seios repletos de peixes, além do pequeno Palêmon, o condutor dos delfins. Logo vieram os bandos de tritões, que atravessam alegremente os mares; um deles soprou a concha, outro protegeu a deusa com um guarda-chuva de seda; outro ainda trouxe-lhe um espelho, para que Vênus pudesse nele se mirar; os outros nadaram como parelhas de cavalos sob sua carruagem. Foi acompanhada por tal séquito que Vênus partiu para o mar.

Enquanto isso, Psiquê não colhia nenhum fruto da glória da sua inusitada beleza. Todos a admiravam, todos a louvavam, mas ninguém, nem rei nem príncipe, nem mesmo um homem da plebe aproximava-se dela para pedi-la em casamento. Os homens admiravam de fato a sua aparência divina, mas com a admiração que se tem por um belo retrato. As duas irmãs mais velhas, cuja beleza não fora cantada por nenhum povo, há muito haviam sido dadas em casamento a príncipes estrangeiros. Psiquê, no entanto, lamenta sua solidão, sem marido e sem amor, fisicamente doente e com a alma dilacerada; ela odeia em si mesma a beleza que constitui o encantamento de nações inteiras. Devido a essa situação, o rei, infeliz por ver a filha tão triste, desconfiando do ódio e do rancor dos céus por causa da beleza da moça e temeroso da ira dos deuses, procura o antiquíssimo oráculo de Apolo de Mileto, ao qual faz suas súplicas e oferece sacrifícios: pede que tão poderosa divindade arranje um casamento para a princesa rejeitada. A resposta do deus mântico foi dada em forma de versos:

Leva, ó rei, tua filha para o rochedo mais alto do monte,
E a expõe suntuosamente ataviada para as núpcias mortais,
Não esperes para genro um homem de estirpe mortal,
Mas um monstro cruel e feroz, cercado por cobras;
Ele voa pelos ares e, viperino, não poupa ninguém.

Destrói tudo, pois sabe como fazê-lo, com ferro e fogo,
Faz tremer o próprio Júpiter e aterroriza os imortais,
Pois também eles estremecem de horror diante das trevas
do Estige.

Assim que o outrora feliz rei ouviu o prognóstico, voltou lenta e tristemente para casa, contando à esposa as instruções da infeliz previsão. A casa real ficou de luto por vários dias: só se ouviam choros e lamentações.

Logo se aproximou o dia da execução do cruel oráculo. E iniciaram-se os preparativos para as núpcias de morte da mais infeliz das donzelas. A chama nupcial já tremulava débil nas tochas obstruídas por escura fuligem e cinzas negras; o som da flauta nupcial foi substituído pelos acordes pungentes, o hino alegre terminava num verdadeiro gemido de lamentação; a noiva enxugava as lágrimas no véu do vestido. Devido ao seu triste destino, toda a cidade a velava e, visto que o ânimo geral era de perturbação, foram decretadas férias judiciais.

Somente a necessidade de obedecer às ordens dos céus faz com que Psiquê se sacrifique, cumprindo o castigo que lhe fora imposto. Depois de se encerrarem as festividades das núpcias, Psiquê, desolada e triste, em prantos e devidamente ataviada com a indumentária fúnebre, teria de ser levada ao alto do rochedo para a sua união com o monstro. Conduzida pela multidão, Psiquê não é seguida por uma alegre procissão de núpcias, mas acompanhada pelo cortejo fúnebre de suas exéquias.

Aos pais, perturbados com a grande desgraça da filha, e hesitantes em executar o destino nefando, a própria Psiquê exorta com as seguintes palavras:

— Por que amargurais vossa velhice chorando sem parar? Por que aniquilais vossos espíritos, que é muito mais o meu, com esse pranto contínuo? Por que desfigurais vossos rostos, para mim tão nobres, com lágrimas inúteis? Por que destruís em vossos olhos a luz dos meus? Por que descabelais os cabelos grisalhos? Essas são as luminosas recompensas pela minha inusitada beleza. Tarde demais vos sentis atingidos pelo toque mortal da inveja pública que corrói. Quando nações e povos me tributaram honras divinas, e a uma só voz me consagraram como a nova Vênus, então deveríeis ter padecido, chorado e me lamentado como morta. Já sei que ficarei totalmente só, por terem me confundido com a deusa. Mas levai-me logo para o alto do rochedo como foi prognosticado. Tenho pressa, estou ansiosa para consumar logo essa infeliz união, tenho pressa de contemplar meu nobre esposo. Por que deveria mantê-lo à distância, por que não fugir da sua presença? Por que evitar aquele que nasceu para destruir todo o mundo?

Tendo dito isso, a virgem calou-se e misturou-se às pessoas do séquito com o passo muito mais enérgico. Foram até o alto do íngreme rochedo, onde abandonaram a jovem às núpcias de morte com o monstro. A tocha nupcial ficou lá, mas apagada a chama pelas lágrimas da moça. A multidão cabisbaixa preparou-se para voltar à cidade. E os pobres pais, acabrunhados pela desgraça, trancaram-se na escuridão de sua casa, pois já se aproximava a noite.

No entanto, Psiquê tremia de medo, sozinha no alto do rochedo; surpreendentemente, sentiu-se transportada pelo brando vento Zéfiro, que a levou docemente, agitando suas vestes diáfanas, inflando o seu fofo vestido. Por sobre os altos penhascos conduziu-a o vento e colocou-a suavemente sobre a relva macia do vale no sopé da montanha.

Nesse lugar adorável, em meio ao vale florido, deitada sobre a relva coberta de orvalho, Psiquê adormeceu de mansinho. Depois de descansar bastante de tantas emoções, recuperada pelo sono reparador, ela ergueu-se com o espírito muito mais tranquilo.

Logo viu um bosque de grossas árvores gigantescas; viu uma fonte de águas transparentes e brilhantes e, no âmago desse bosque, um palácio principesco, que não fora construído por mãos humanas, mas por artes divinas. Qualquer um que nele entrasse, logo saberia tratar-se da morada de um deus, pois suas colunas de ouro suportavam o teto entalhado cuidadosamente em marfim e cedro; as paredes eram recobertas de relevos feitos em prata, formas de animais selvagens e uma espécie de rebanhos que pareciam saudar quem entrava no castelo. A criatura que esculpira esses animais devia ser maravilhosa; não, de fato devia ser um semideus, ou melhor, um verdadeiro deus! O próprio pavimento era confeccionado de mosaicos de pedras preciosas que formavam diversos desenhos de valor inestimável. Feliz de quem pudesse pisar sempre sobre esse chão. O resto do palácio, os salões enormes, tinham paredes de ouro maciço, que brilhavam com brilho próprio, de modo que mesmo que fosse noite ainda haveria claridade e, durante o dia, caso o sol não quisesse dar o ar de sua presença, tudo brilhava, os aposentos, o pórtico, até mesmo as bandeiras da porta. Os demais tesouros estavam à altura da casa, de modo que se tinha a impressão de que tão celestial morada não podia ser de outro que não o grande Júpiter, para que este recebesse suas visitas.

Atraída pela beleza do palácio, Psiquê aproximou-se mais e, com um pouco mais de confiança em si mesma, atravessou o limiar. Arrebatada pela mais deslumbrante das visões, examinou tudo e avistou do outro lado da casa um depósito, trabalhado com grande arte e repleto das maiores preciosidades. Não havia nada que faltasse ali. Sem mencionar a estranheza que tantas riquezas lhe causaram, mais admirável ainda era o fato de não haver correntes, nem tranca, nem ninguém que guardasse os tesouros desse lugar. Enquanto examinava tudo isso com a maior admiração, ouviu uma Voz, sem que ninguém estivesse visível, que lhe disse:

— Como, senhora, espantas-te diante de tantos tesouros? Pois eles te pertencem. Por isso, recupera-te do cansaço no leito armado em teus aposentos ou, se preferires, refresca-te com um banho. As vozes que tu ouves somos nós, tuas criadas, que te serviremos com dedicação; também providenciaremos tuas principescas refeições, pois não descuidaremos do teu corpo.

Psiquê sentiu-se feliz e revigorada pelas providências divinas oferecidas pelas vozes incorpóreas. Depois de um sono recuperador e de um bom banho, sentiu-se recobrada do cansaço; como visse perto dali uma mesa redonda posta para a refeição, não se fez de rogada e acercou-se dela com visível satisfação. Foram-lhe oferecidos néctares e vinhos, e diferentes iguarias sem que houvesse criadas visíveis, apenas um leve sopro. Não pôde ver ninguém, apenas as vozes sussurradas das servas. Depois da lauta refeição, entrou alguém que cantou acompanhado à cítara, mas nem cantor nem instrumento eram visíveis; então ouviu uma porção de vozes que, embora não pudesse ver ninguém, deliciaram seus ouvidos com um belo coral musical. Como já estivesse anoitecendo e a noite aconselhasse o descanso, Psiquê retirou-se para o quarto. Logo uma voz suave chegou-lhe aos ouvidos. Ela temia, completamente só, pela sua virgindade, e tremia de horror com receio do que a esperava, tanto mais por desconhecer-lhe a natureza. Por fim, chegou o misterioso consorte, que subiu ao leito e fez de Psiquê sua mulher, mas, antes do amanhecer, desapareceu apressadamente. Logo, nos aposentos nupciais, as "vozes" que estavam à disposição cuidaram da recém-casada que acabara de perder sua virgindade. E com o passar do tempo, o que antes lhe parecia estranho, por força do hábito tornou-se um deleite, e as vozes alegravam sua solidão e a perplexidade que sentia.

Enquanto isso, os pais envelheciam de dor e de tanto se lamentar; e como os rumores desses acontecimentos logo se espalharam, tão logo souberam do fato, as irmãs mais velhas de Psiquê abandonaram seus lares, consternadas e preocupadas; para ir visitar os pais.

Nessa mesma noite, o esposo de Psiquê lhe disse — pois, com exceção da voz, ele só lhe era perceptível ao tato e aos ouvidos:

— Doce e adorável esposa, estás ameaçada por um triste destino e um perigo iminente, que na minha opinião deves evitar. Eis que já se aproximam tuas irmãs, perturbadas por te imaginarem morta. Procurando seguir teus passos, aproximam-se deste rochedo; ao ouvires um lamento, não respondas, ou melhor ainda, nem sequer olhes para lá, senão me causarás a mais terrível dor, e, para nós, a maior das desgraças.

Ela anuiu e prometeu agir segundo a vontade do marido; mas assim que ele desapareceu junto com a noite, a infeliz passou o dia inteiro a chorar e a se lamentar, repetindo a si mesma que agora de fato estava perdida, encerrada na mais bem-aventurada das prisões, mas privada do contato com o ambiente humano, sem nem mesmo poder levar ajuda às irmãs enlutadas, isto é, sem nem ao menos poder vê-las. Nem o banho, nem a refeição, nem mesmo qualquer outra distração lhe proporcionaram alívio e, em prantos, deitou-se para dormir. Sem demora, um tanto mais cedo do que de costume, o marido logo se deitou na cama e falou mais uma vez, abraçado à ainda chorosa Psiquê:

— Não me prometeste isso, minha esposa? Que mais posso eu, teu marido, esperar de ti? Nem de dia, nem de noite, nem mesmo enlaçada pelos meus abraços te deixas convencer? Faze então como quiseres, obedece à tua consciência que te causará a ruína. Só te lembrarás, contudo, da minha advertência quando, tarde demais, começares a te arrepender.

Em seguida, Psiquê cobriu-o de pedidos em meio às carícias e ameaçou morrer de dor. Conseguiu arrancar do marido a promessa de que ele atenderia a seus desejos, ou seja, rever as irmãs e consolá-las, reunindo-se a elas. Desta forma, ele acabou por concordar com as súplicas da recém-casada e permitiu-lhe também que presenteasse as irmãs com tanto ouro e joias quanto quisesse. Contudo, não cansou de a advertir repetidas vezes para que nunca se deixasse convencer por uma sugestão maldosa e que nunca respondesse quando lhe perguntassem sobre sua aparência. Advertiu-a para não destruir toda a felicidade deles com uma curiosidade sacrílega, pois então nunca mais desfrutaria de seus abraços. Psiquê agradece ao marido e lhe diz, já com alma nova:

— Antes morrer cem vezes do que perder teu doce amor. Onde estiveres, eu te amarei até a morte. Amo-te como amo a própria vida. Comparado a ti, o próprio Cupido nada seria! Mas cede também aos meus caprichos e ordena ao teu criado Zéfiro que traga minhas irmãs para cá, da mesma forma que trouxe a mim.

Cobrindo-o de beijos, Psiquê murmurou-lhe doces palavras de amor; e abraçando-o com seus membros flexíveis, ainda acrescentou:

— Meu esposo, doce como mel, alma da minha vida, vida da tua Psiquê!

A magia e o poder desses arrulhos apaixonados subjugaram o consorte que, mesmo contra a vontade, prometeu atender-lhe aos desejos; contudo, como se aproximasse a aurora, desapareceu por entre as mãos da esposa.

Mas já as irmãs, que haviam procurado o lugar no alto do rochedo em que haviam abandonado Psiquê, aproximando-se de olhos inchados de tanto chorar, batiam no peito lamuriando-se em tão alta voz, até que os rochedos e a montanha ecoaram suas lamúrias. Elas chamavam pelo nome de Psiquê; essas vozes lamurientas alcançaram o vale depois de descerem as íngremes encostas, atingindo os ouvidos de Psiquê, que, trêmula, saiu do palácio dizendo:

— Por que vos amofinais em vão com tantas lágrimas? Estou aqui, não deveis lamentar-me! Parai com essa tristeza, e finalmente enxugai as lágrimas que vos correm das faces, pois logo poderão abraçar aquela que lastimais em tão altos brados!

Em seguida, chamou Zéfiro, ao qual lembrou as ordens do esposo, que este cumpriu sem hesitação, trazendo-lhe as irmãs incólumes com seu suave sopro. A princípio, o encontro foi da mais genuína alegria, por entre abraços e beijos. Às lágrimas de dor, seguiram-se as de regozijo.

— Entrai — disse Psiquê —, alegrai-vos por estar sob meu teto e por recuperar na minha presença as almas abatidas.

Depois de dizer-lhes isso, a inocente Psiquê foi abrindo para elas as portas do seu doce refúgio, o castelo dourado com a criadagem invisível da qual somente os ouvidos podiam captar as vozes. Permitiu que as irmãs se refrescassem com os mais deliciosos banhos e depois ofertou-lhes a mais perfeita refeição já preparada por mãos não humanas. A abundância de suas riquezas fez germinar-lhes no coração as sementes da inveja. Psiquê não desobedeceu às ordens do esposo e, apesar da insistência das irmãs, descreveu-o como um belo jovem de queixo recoberto por barba macia, cuja ausência se devia às suas constantes caçadas pelos bosques e montanhas. Para não correr o risco de se trair durante a conversação, fez com que Zéfiro as levasse de volta ao rochedo, cumuladas de ouro e de joias. Agora, enquanto regressavam ao lar, já envenenadas pela inveja, ambas falavam ao mesmo tempo, presas de grande agitação, até que uma delas se manifestou:

— Ó Fortuna, impotente, cruel e injusta! Como te comprazes em nos dar destinos tão diferentes, a nós que nascemos dos mesmos pais? Nós, as filhas mais velhas, fomos dadas em casamento a energúmenos forasteiros, para sermos suas serviçais, tendo de abandonar o lar paterno e a pátria, passando a viver longe deles como proscritas! À irmã caçula, no entanto, fruto de uma fecundidade já esgotada, deste tantos tesouros e, para esposo, um deus, a ela que nem mesmo sabe como aproveitar tantas riquezas! Irmã, acaso viste quantos tesouros e joias estão esparramados pela casa, quantos mosaicos de pedras preciosas e ouro, destinados a serem calcados sob os pés? Como se tudo isso não bastasse, Psiquê ainda tem um belo jovem por esposo, se é que está dizendo a verdade, e não deve existir no mundo ninguém mais bem-aventurada do que ela! Graças à crescente atração e paixão, esse esposo divino acabará por transformá-la numa deusa. Casada com tal Hércules, já assume ares; tendo vozes por criadas, dando ordens ao próprio vento, essa mulher já sabe até onde pode chegar e já se comporta como se fosse uma deusa! No entanto, pobre de mim, me casaram com um homem que é mais velho que o meu pai; além de calvo como uma abóbora, é mais baixo do que um anão e frágil como um menino. Ainda por cima, é tão avarento que guarda tudo sob ferrolhos e trancas.

A outra irmã logo argumentou:

— E eu, que tenho de suportar um marido gotoso, que vive abatido e já está alquebrado; nem demonstrar-me sua afeição ele pode, pois tenho de constantemente untar-lhe os dedos enrijecidos das mãos com pomadas e unguentos malcheirosos, envolvendo-os com nojentos paninhos gordurosos! Ao fazer essas ataduras, acabo por queimar minhas mãos e minha missão precípua não é a de uma esposa, é mais a de uma enfermeira.

— No teu caso, minha irmã — esta é a minha opinião — parece que suportas o teu destino com espírito paciente, ou melhor, servil; ao contrário, eu não aguento mais ver que a menos merecedora de todas tenha recebido tão glorioso destino. Lembras-te da arrogância com que nos tratou, da exibição que fez de seus tesouros, e de como, incomodada já por nossa presença, ordenou ao vento que nos trouxesse de volta, depois de nos presentear com algumas ninharias em face de tanta riqueza? Não sou uma mulher e prefiro morrer se não conseguir fazê-la perder seus tesouros! E se também tu estiveres de acordo, ambas tramaremos um plano para aniquilá-la. Basta ter visto o que vimos e nada disso devemos contar aos nossos pais, sem falar que nem sequer devemos mencionar que Psiquê está a salvo. Nem lhes mostraremos estes presentes e o povo não deve saber de tão auspiciosa notícia. O fato de conhecerem a riqueza de alguém não torna as pessoas mais felizes! É bom que Psiquê saiba que não somos suas serviçais, mas sim suas irmãs mais velhas. Agora voltemos aos nossos maridos a fim de rever nossos infelizes lares, que no entanto nos servem de abrigo; mas depois de pensarmos bastante, voltaremos para nos vingar com mais força do seu orgulho.

Logo as duas bruxas elaboraram um plano vil e, depois de ocultar todos os riquíssimos presentes que haviam recebido, renovaram suas lamentações, depois de desfigurar o rosto com lágrimas falsas e de emaranhar todo o cabelo. E assim que assustaram os pais, renovando-lhes o sofrimento cada vez mais insuportável, voltaram a toda pressa para suas casas, para traiçoeiramente prepararem a armadilha, um verdadeiro fratricídio, contra a inocente Psiquê.

Enquanto isso, nessa mesma noite, o esposo que ela não conhecia voltou a advertir a esposa:

— Não vês o perigo que te espreita de longe? Fortuna trama e se abaterá sobre ti, se não procederes com a máxima cautela. As lobas pérfidas se esforçam por armar-te uma cilada, cuja pior armadilha é persuadir-te a contemplar o meu rosto. Já te adverti inúmeras vezes de que nunca mais o verás se o contemplares uma única vez. Portanto, quando essas bruxas vierem com suas almas desejosas de vingança — e sei que virão —, não converses com elas, ou se a tua inata bondade e a delicadeza do teu espírito não permitirem isso, ao menos faças ouvidos moucos ao que te disserem sobre mim, e não respondas a qualquer das alusões que te fizerem. Pois dentro em breve teremos um filho. Embora ainda sejas uma menina, darás à luz uma criança. Se guardares nosso segredo, ela será um deus, mas se o profanares, será tão somente um mero mortal.

Psiquê exultou com a notícia de ter um filho divino e bateu palmas de contentamento para expressar sua alegria e regozijou-se com a dignidade de poder vir a ser chamada de mãe. Amedrontada, ela contava os dias e as luas novas que se escoavam rápidos e admirava-se com o fato de o princípio de uma vida poder crescer inconsciente em seu ventre arredondado, a partir de um minúsculo ponto.

Aquelas bruxas, no entanto, as mais horrendas fúrias, já se aproximavam a toda a pressa, destilando veneno. Então o marido de Psiquê, mais uma vez e, dessa feita, mais incisivo, advertiu-a:

— O dia se aproxima da desgraça mais terrível, as inimigas que pertencem ao teu mesmo sexo, com a vingança no sangue, já pegaram em armas e se puseram a caminho, visto que já planejaram sua carnificina e fizeram soar suas trombetas de guerra; seus punhais desembainhados já estão perto da tua garganta! Que pena, minha doce Psiquê, que perigos terríveis nos ameaçam! Tem piedade de ti e do nosso filhinho e detém com teu comportamento sagrado a má influência que se aproxima da nossa casa. Salva-nos, a ti, a mim e ao teu filhinho da destruição total! Essas mulheres assassinas, a quem não deves chamar mais de irmãs, pois os laços de sangue foram desfeitos pelo ódio e esmagados ao chão, pisados pelos seus pés: não as ouças, deixa-as uivar no cume do rochedo, como as sereias com suas vozes fúnebres e, sobretudo, nem sequer olhes para lá!

Psiquê derrama novas lágrimas e pede com voz trêmula:

— Recentemente, tiveste uma prova da minha lealdade e viste como pude ser parcimoniosa com minhas palavras: não será agora que farei menos para manter a firmeza dos meus sentidos. Portanto, dá ordens ao Zéfiro para que ele te obedeça e permite que eu ao menos veja o rosto de minhas irmãs. Por estes teus cabelos sedosos que sinto roçar por todo o corpo, pela tua pele delicada e macia semelhante à das minhas faces, por esse peito ardente de amor do qual não conheço a aparência, por essa criancinha na qual ao menos verei tua imagem, permite, por minhas súplicas comovidas pela tristeza, permite que eu goze dos abraços de minhas irmãs e reanima a alma da tua Psiquê com nova alegria! Não mais procurarei ver teu rosto e nem mesmo a escuridão da noite será um obstáculo à minha felicidade, pois tenho-te em meus braços, ó luz da minha vida!

Comovido pelo tom acariciante dessas palavras, o esposo enxuga as lágrimas da sua Psiquê com os cabelos, e visto estar perdidamente apaixonado por ela, curva-se de novo aos seus caprichos. Mas eis que é chegada a hora de ele afastar-se, pois já raia a aurora de um novo dia!

O par de conspiradoras, no entanto, sem sequer visitar os pais, dirige-se logo ao alto do rochedo, tão grande era sua pressa em executar o sórdido plano. Tão logo chegaram, nem mesmo esperaram por Zéfiro, lançando-se temerariamente no abismo. A contragosto, pois lembrou-se das ordens do seu deus, o vento brando as acolheu no colo e depositou-as no solo. Elas dirigiram-se logo ao castelo, sem hesitações, abraçando a presa inocente com fingida alegria, congratulando-se com ela pela sua gravidez, no intuito de eliminar qualquer suspeita. Em seguida, passaram logo às perguntas costumeiras, com voz melíflua:

— Psiquê, tu não és mais uma menina como antes, pois de certo modo já és mãe! Que tão grande tesouro trazes em teu ventre! Com que alegria alegrarás a nossa casa! E como serás feliz, por poder criar tão linda criança. Se ela corresponder à beleza dos pais, tu darás à luz um verdadeiro Cupido! Assim, com fingida simpatia e cínica preocupação, já conseguem comover a alma pura da irmã.

Esta as aconselha a descansar depois de tão cansativa viagem, pedindo que se refresquem com os gostosos vapores do banho. Em seguida, serve-lhes uma lauta refeição no belíssimo aposento destinado a essa finalidade, ofertando-lhes as mais deliciosas iguarias, inclusive carne enrolada. Ordena que a cítara entoe lindas canções, à flauta pede que sopre doces sons, música celestial que se completa com um coro de vozes. As melodias enternecem os sentidos das ouvintes, embora nenhuma presença humana seja visível. Nem mesmo assim, a perfídia das vingativas mulheres se abranda, nem mesmo essas melodias doces como mel as enternecem. Ao contrário, logo vieram as inevitáveis perguntas sobre o marido da irmã: quem ele era, o que fazia e a que linhagem pertencia. Inocente, Psiquê, esquecida do que dissera da última vez, se contradiz, respondendo que o esposo era um riquíssimo comerciante de meia-idade, cujo cabelo grisalho já começava a escassear.

E depois dessa inocente mentira, imediatamente as entregou ao costumeiro veículo alado, Zéfiro, depois de cobri-las novamente de régios presentes.

Mas dessa vez, assim que foram erguidas pelo brando sopro do vento até o cume do rochedo, elas confabularam, durante o caminho para casa:

— O que dizes, minha irmã, sobre as monstruosas mentiras dessa bruxa? Da outra vez, o marido era um jovem lindíssimo cuja barba era macia como um floco de lã; agora ele é um velho, cujo cabelo brilha com a cor de prata da meia-idade. Quem será este, que em tão breve intervalo de tempo transformou-se num homem idoso? Ou essa mulherzinha danada está mentindo, ou ela simplesmente ignora o aspecto do marido. Seja qual for a verdade, temos de dar um jeito de destruir sua prosperidade. Se ela não conhece o seu homem, com certeza casou-se com um deus e traz em seu ventre o seu germe, ao qual dará à luz! Decididamente: se ela de fato for a mãe de um rebento divino — enforco-me com uma corda cheia de nós! Portanto, tratemos de voltar à casa de nossos pais e mais tarde começaremos a inventar as fábulas que lhe contaremos em retribuição às mentiras que nos contou.

Perturbadas, mal cumprimentaram os pais, passando além disso a noite em claro. E, já pela manhã, estavam novamente no palácio de Psiquê, transportadas como sempre sem nenhum perigo pelo vento brando; e com lágrimas de fingida preocupação, que conseguiram através do expediente de esfregar com força as pálpebras, cumprimentaram a irmã, lançando mão do seguinte ardil:

— Estás sentada aqui em meio a tanta felicidade, sem conhecer a tão grande desgraça e o perigo que te ameaçam. Nós, entretanto, que nos preocupamos contigo e com os teus assuntos, sentimo-nos mal diante do teu infortúnio. Soubemos a verdade, e por sermos solidárias com a tua dor, não a podemos ocultar de ti: quem se deita a teu lado à noite na cama não é um homem, mas uma serpente enroscada em mil anéis, com as fauces túrgidas de peçonha, a boca larga como um abismo. Lembra-te agora do oráculo de Apolo, que te predestinou a uma união com um monstro. E vários camponeses e caçadores que andam por aí pela região afirmam que a têm visto à noitinha, quando atravessa o rio próximo em direção ao palácio. Não haverá de demorar muito, para que ela te devore e também à criança que trazes no ventre; basta engordares um pouco mais. Só te resta tomar uma decisão: queres aceitar nossa ajuda e morar conosco, libertando-te deste perigo, ou preferes ser enterrada nas entranhas dessa besta selvagem? Quando, porém, te sentires solitária, nesse rico país de vozes incorpóreas, ou quando não suportares mais a companhia conjugal desse amor misterioso e os abraços da víbora peçonhenta que te faz companhia à noite, não te esqueças que nós, tuas leais irmãs, te avisamos do perigo.

Transtornada por essas palavras do mais puro horror, Psiquê perde a consciência e acaba por expulsar da memória as advertências do esposo e as promessas que lhe fez e cai nas profundezas da sua infelicidade; e, pálida como um cadáver e com palavras entrecortadas pela emoção, acaba por confessar às irmãs:

— Na verdade, minhas queridas, fizestes o que era certo vindo me advertir em nome de um amor sincero e, ao que parece, quem disse o que viu também não mentiu. Pois é verdade que nunca vi o rosto do meu esposo e também não sei a que linhagem pertence; apenas ouço a sua voz noturna, e me entrego a um esposo cuja estatura desconheço e que se desvanece pela manhã como se fosse ar; acho que tendes razão ao dizer que se trata de um monstro. Ele também receia que eu veja os seus traços e me ameaça com uma grande desgraça se tiver a curiosidade de contemplar-lhe as feições. E se puderdes trazer-me a ajuda necessária, suplico-vos que me protejais agora. Caso contrário, mais tarde tereis a lamentar o ter negligenciado o préstimo de uma boa ação.

Tão logo perceberam as pérfidas irmãs que haviam tocado o coração inocente da irmã, já lhe dão sugestões, transmitindo-lhe planos terríveis. Uma delas disse afinal:

— Visto que ainda funciona o vínculo de sangue da nossa origem comum, visto que o que pretendemos é mantê-la imune ao menor perigo, vamos mostrar-te o caminho, o único que pode levar-te à viagem da salvação, revelando-te nosso plano há muito arquitetado. Deves preparar um punhal de ponta bem afiada que caiba na palma da tua mão, e deves ocultá-lo ao lado da cama em que costumas dormir; e enche um candeeiro adequado de óleo para que a luz brilhe com clareza, mas o escondas sob a proteção de uma redoma opaca, porém, cuida de guardar o mais absoluto segredo sobre teus preparativos. Quando então a imunda serpente subir como de costume ao leito, e já tiver se estendido e passado do sono leve para o profundo, esse será o momento propício em que terás de deixar silenciosamente o leito, descalça, para que não se ouçam os teus passos leves; deves descobrir o candeeiro iluminando profusamente o rosto do monstro; aproveita para finalizar teu ato magnífico cortando decididamente, de um só golpe de punhal, que deverás ter na mão direita, o anel que fica entre o pescoço e a cabeça da serpente. Nossa ajuda não te faltará — estaremos a teu lado até que executes o monstro — e depois que tivermos juntas levado todas as riquezas deste lugar, nós te casaremos com um homem de verdade.

Embora tivessem prometido ficar a seu lado, quando viram que suas palavras inflamadas já haviam surtido efeito no apaixonado coração da irmã, elas se apressaram em sair dali, pois temiam grandes desgraças para si mesmas. E com a costumeira ajuda do vento alado voltaram ao cume do penhasco e, com a maior das pressas, entraram logo em seus navios, empreendendo rapidamente a viagem para casa.

Assim que ficou sozinha, Psiquê, transtornada e agitada, inquieta-se apanhada nas correntezas do sofrimento que a transporta de um lado para outro como se fosse um mar; embora resolvida a perpetrar o crime, ela subitamente hesita, sem poder resolver-se, arrastada por pensamentos contraditórios que aumentam a sua indecisão, impulsionada pelos vários efeitos que a infelicidade parece lhe causar. Ela se decide, depois adia, em seguida torna a encorajar-se — desconfia das irmãs — encoleriza-se com o esposo. O certo é que num mesmo corpo odeia o monstro e ama o marido. Contudo, faz seus preparativos quando a noite se aproxima, preparando com demasiada pressa o necessário para perpetrar seu nefando crime. A noite chegou e, depois de entregar-se com ela às doces lutas do amor, o marido logo mergulhou em sono profundo. No momento em que geralmente Psiquê ficava inerte de corpo e alma, ela consegue dessa vez reunir suas forças, segurando o punhal numa das mãos e na outra o candeeiro: ela afirma o seu sexo através da sua ousadia. Mas, assim que aproximou de leve a luz do rosto do marido, eis que se revela o grande segredo: ela avista a mais bela e delicada de todas as feras, Eros, o deus do amor, ali deitado, o mais belo dos deuses. Até a chama do candeeiro estremeceu, derramando mais luz diante dessa visão, e o punhal arrependeu-se de ter uma ponta tão aguçada. Psiquê, ao contrário, embevecida pelo que via, com a alma aniquilada, trêmula e pálida, cai de joelhos e procura enterrar o punhal no próprio seio. Teria de fato levado a cabo seu intento, caso o punhal, por medo do castigo de semelhante crime, não se lhe tivesse resvalado da mão. Esgotada, livre da ameaça que a oprimia, Psiquê observou outra vez a beleza dos traços divinos e isso reavivou-lhe o espírito. Ela viu o cabelo brilhante e farto da cabeça dourada que recendia a ambrosia, viu os ombros brancos como leite, as faces rosadas emolduradas pelos cachos de cabelo, alguns deles caídos para a frente, os outros para trás, com um brilho que ofuscava até mesmo a luz trêmula do candeeiro; nas asas brancas como neve, nas costas rosadas do deus alado, embora não houvesse a mais leve brisa, estremeciam as delicadas penas com inquietação; Vênus nunca precisaria arrepender-se de ter dado à luz um corpo tão macio e brilhante.

Ao pé da cama estavam a aljava e as flechas, armas do deus do amor. Como Psiquê, insaciável e, além de tudo, bastante curiosa, também as examinasse e tocasse, acabou por pegar uma das flechas da aljava para testar sua ponta com o polegar, vindo a ferir-se ao tocá-la com um pouco mais de força dos dedos trêmulos, chegando mesmo a cair deles algumas gotinhas de sangue. Foi assim que, inadvertidamente, inconsciente do que fazia e de livre vontade, Psiquê apaixonou-se eternamente pelo próprio Amor; e agora, mais do que nunca ardente de paixão, ela se inclina sobre ele e começa a beijá-lo com lascívia embora com medo de acordá-lo. Contudo, excitada com a descoberta de tão inestimável tesouro e com os sentidos embriagados de paixão, esqueceu-se do candeeiro. Este, por maldade ou talvez corroído pela inveja por Psiquê poder tocar e ao mesmo tempo beijar aquele corpo maravilhoso, curvou-se demais e deixou uma gota de óleo fervente cair no ombro do deus adormecido. Ah! candeeiro temerário e insolente, péssimo serviçal do Amor, roubaste do deus todo o ardor e, ainda pior, queimaste o próprio senhor do fogo — o que quiseste fazer foi apoderar-se também da visão que ele oferecia nessa noite por algum tempo mais. Espera que ele te encontre! Mas assim Eros despertou do seu sono com a dor da queimadura, e ao ver desvendado seu segredo, levantou voo no mesmo instante sem dizer uma única palavra, afastando-se depressa da esposa, que tentou detê-lo seguindo-o através das nuvens, agarrando-se com ambas as mãos à sua perna direita. Contudo, exausta, Psiquê caiu ao solo.

O bem-amado deus, lá das alturas, não abandonou a amada, voando até a ponta de um cipreste, de onde, comovido, proferiu as seguintes palavras, destinadas à Psiquê:

— Na verdade, minha ingênua Psiquê, sem seguir as prescrições da minha mãe Vênus, que me ordenou que te acorrentasse a uma união com o mais pavoroso dos monstros e que te fizesse gozar das paixões mais inferiores de um casamento, preferi aproximar-me de ti como teu amado. Fiz isso por pura leviandade, pois fui atingido pela minha própria flecha e te tomei minha esposa, de tal forma — pensa nisso — que te pareci ser um monstro a quem pretendias cortar a cabeça com um punhal, a mim, teu amante que te contempla com estes olhos! Quantas vezes não te adverti acerca do perigo iminente, quantas vezes não te repreendi com delicadeza! No entanto, aquelas tuas ilustres conselheiras logo receberão o castigo que merecem por suas pérfidas lições; o teu castigo, Psiquê, no entanto, será a minha ausência.

E, tendo dito isto, Eros subiu às alturas celestiais com um rápido adejar de asas.

Psiquê, todavia, deitada ao solo, ainda tentou ver as asas do marido, lamentando-se em altas vozes e dizendo do desgosto e arrependimento da sua alma. Mas tão logo o ruído do adejar de asas desapareceu do aposento nupcial, fora de si, desejou morrer e lançou-se de cabeça nas águas de um rio próximo. No entanto, as próprias águas mansas do rio — para homenagear o deus, bem como por medo, visto que ele sabia até mesmo como incendiá-las com seu fogo — repuseram-na num socalco de terra seca e florida da margem do rio.

Por acaso, Pã, o deus da terra, estava tranquilamente sentado numa ribanceira próxima, com Eco nos braços, ensinando à deusa das montanhas como fazer ecoar uma série de diversos tons. Por perto pastavam suas cabras, revolvendo a grama tenra das margens do rio. Pã, ele mesmo tão parecido com uma cabra, chamou Psiquê com delicadeza, pois compreendia seus sofrimentos e conhecia sua queda e, acariciando-a, lhe disse com voz apaziguadora:

— Boa menina, eu não passo de um simples camponês pastor de cabras, mas sou sábio graças à minha velhice e um filósofo graças à experiência. Na verdade — e acho que a conclusão a que cheguei e à qual os homens espertos dariam o nome de poder divinatório — está correta, quando deduzo que sofres por excesso de amor, dado os teus passos vacilantes, a palidez da pele do teu corpo, teus constantes soluços e teus olhos tristonhos. Portanto, ouve o meu conselho tão simples: não tentes matar-te outra vez, quer por este quer por outros meios. Deixa de te lamentar e desiste da morte. Dirige-te de preferência a Eros, o mais poderoso dos deuses, e conquista-o com tua delicada submissão, pois ele é um adolescente meigo e suave.

Depois de o deus-pastor ter dito isto, sem receber resposta, pois Psiquê limitou-se a inclinar-se diante da divindade salvadora, ela partiu. Após longa caminhada com passos lentos e pesados, depois de passar por diversos caminhos, chegou, sem saber como, a uma cidade dominada pelo marido de uma de suas irmãs. Já se iniciava o dia e, ao descobrir o fato, Psiquê pede que anunciem sua chegada à irmã; imediatamente foi conduzida até sua casa e depois dos costumeiros abraços e das mútuas saudações, Psiquê começou a contar o motivo da sua vinda, graças à insistência da irmã, da seguinte maneira:

— Lembras-te do plano que forjaste, no qual me aconselhaste a matar o monstro com um punhal de dois gumes antes que ele, que se fazia passar por meu marido, me engolisse ou esmagasse com seus braços envolventes? Mas, ao ver suas feições à luz do candeeiro, tive uma visão maravilhosa e divina, pois quem estava deitado ali era o próprio filho de Vênus — digo-te que era o próprio Cupido adormecido. No entanto, quando, deslumbrada pela visão de uma dádiva tão preciosa e completamente perturbada por variadas emoções, quis aproveitar para observá-lo mais de perto, é claro que por um acaso cruel, uma gota de óleo fervente do candeeiro pingou em seu ombro. Despertando em seguida devido à dor, e ao me ver empunhando o punhal e segurando a lâmpada, disse:

— Afasta-te imediatamente do meu tálamo e recebe o castigo pela tua má ação; eu, por minha vez, me unirei à tua irmã — e mencionou o nome pelo qual és conhecida —, farei um casamento legítimo e ela será minha mulher. Mal acabou de falar, ordenou ao Zéfiro que me transportasse para longe dos limites do castelo.

Assim que Psiquê acabou sua narrativa, sem mais delongas, alucinada de paixão e de criminosa inveja, a irmã inventou um pretexto para fugir ao marido — disse que seus pais estavam à morte — e viajou imediatamente para o rochedo fatídico; e, embora fosse diferente o vento que soprava, ela invocou Cupido e Zéfiro que a recebessem como sua senhora, lançando-se no abismo. Nem como cadáver chegou ao palácio, pois se despedaçou nas pontas da rocha e suas vísceras se espalharam pela encosta, pasto para as aves de rapina e os animais selvagens.

O castigo da segunda irmã também não tardou. Pois Psiquê viajou com passos incertos, atravessando vários caminhos até chegar à cidade onde ela morava. Usando da mesma artimanha, contou-lhe uma história semelhante à que contara à primeira das irmãs. Também a segunda apressou-se a ir ter ao rochedo, onde a aguardava sina idêntica.

Enquanto Psiquê peregrinava de cidade em cidade à procura de Cupido, este guardava o leito na casa de sua mãe, gemendo de dor pela queimadura. Vênus não se encontrava presente. Foi então que uma gaivota branca como a neve; dessas que voam nas cristas das ondas, desceu apressada até o fundo do mar onde a deusa se banhava e nadava despreocupadamente. A gaivota indiscreta contou-lhe tudo acerca do filho. Disse-lhe que Eros estava doente de paixão pela esposa e que não se viam possibilidades de cura para o seu mal. Esclareceu ainda que toda a família da deusa, já notória pela sua devassidão, que todos conheciam através dos rumores, sabia dos fatos e que estes já andavam na boca do povo. Dizia-se que, enquanto Eros fazia suas orgias na montanha, Vênus se afastara para o mar. Isso causara certa perda de dignidade, Vênus perdera a boa vontade do povo que se corrompeu. Tudo se tornara reles e vulgar, não havia mais casamentos, nem vínculos de amizade; o amor pelos filhos deixara de existir. Restara uma enorme falta de moral e a proliferação de uniões ilícitas e pecaminosas, dessas que dão asco. Tendo denunciado todos esses fatos aos ouvidos de Vênus, a alcoviteira ave ainda difamou-lhe o filho. Encolerizada, a deusa explodiu:

— Pois então meu belo filho já tem uma amante? Dize-me então o seu nome, já que me serves com tanta lealdade; dize-me o nome daquela que seduziu o frágil e imberbe rapaz. Acaso será alguma das ninfas ou das criadas do palácio, ou talvez uma das musas do coro, ou talvez seja uma das Graças que trabalha para mim?

A ave tagarela não se fez de rogada e disse:

— Não sei, senhora, creio que se trata de uma menina que, se não me engano, chama-se Psiquê, e o teu filho morre de paixão por ela.

Raivosa, Vênus grita com toda a força que pode:

— Psiquê! Se Eros de fato ama a minha imitação, essa mulher que usurpou o meu nome, então meu adorável filho me tomou por uma alcoviteira, pois fui eu mesma quem a mostrou a ele!

Ao dizer isso com voz áspera, ela retirou-se a toda pressa do mar e foi diretamente para seu palácio dourado; e logo que viu o filho doente tal como a ave lhe havia dito, gritou-lhe, assim que entrou pela porta:

— É assim — disse ela —, é essa a harmonia que existe na minha família? Tua malcriação consiste em ter — o que é mais grave — desobedecido às ordens da tua mãe, aliás, da tua senhora, pisando-me aos pés, impondo-me uma rival — tu, fedelho de pouca idade — dormindo com ela, enchendo-a de abraços ainda imaturos, de tal sorte que talvez eu ainda tenha de aturá-la como nora? Julgas de fato, devasso e asqueroso sedutor, que somente tu podes ter um filho e que eu, por ser mais velha, não poderia conceber? Pois fica sabendo que gerarei um filho muito melhor do que tu. Aliás, para que sintas a humilhação, adotarei um dos meus escravos e lhe darei tuas asas, teu archote, tuas setas e tudo quanto carregas, mas para outro fim. Pois saibas que nada do que possuis pertence à propriedade do teu pai; é tudo meu! Tua extrema juventude te foi má conselheira e tantas vezes ataste, desrespeitosamente com teus dedos pontudos, os teus pais, e à tua mãe — eu mesmo o confesso — quantas vezes me desnudaste e me possuíste! Agora desprezas tua mãe como se ela fosse uma pobre viúva e não tens medo nenhum de teu padrasto Marte, o mais forte de todos os guerreiros! Mas também, por que o temerias? Afinal, fostes tu que lhe arranjaste, para desgosto meu, as meninas que lhe serviram de concubinas! Mas já farei com que te arrependas de teus jogos amorosos, e já sentirás como é amargo e pesado o jugo do teu casamento! E eu, que faço agora, ridicularizada por todos? Onde me esconderei? De que modo dominarei essa salamandra? Devo pedir ajuda à minha rival, a Sobriedade, a quem tantas vezes tenho ofendido devido à sua exuberância? Contudo, sinto calafrios de horror só ao pensar que terei de falar com essa tua mulher vulgar e coberta de imundície. Mas a vingança é um consolo e, venha ela de onde vier, não a desprezarei.

"Psiquê terá de apaixonar-se irremediavelmente por Eros, e por nenhum outro, para que açoite esse miserável da maneira mais amarga, lhe tire a aljava e as flechas, para que solte a corda do seu arco e tire o pavio do seu archote. Para que até mesmo reprima o seu corpo com os métodos mais violentos. Sentirei que terá sido feita justiça ao agravo que sofri no momento em que ela tosar o seu cabelo, esses mesmos cachos que tomei brilhantes de tanto alisá-los com as mãos, e quando lhe tiver cortado as asas, que tantas vezes borrifei com o néctar da fonte, quando o carregava ao colo!"

Tendo dito isto, precipitou-se porta afora, raivosa e azeda devido ao mau humor venusiano. Logo, entretanto, encontrou Deméter e Hera; como estas a vissem com os olhos inchados, perguntaram-lhe por que ela amortecia o encanto dos seus olhos brilhantes sob tão cerradas sobrancelhas. Mas Vênus respondeu:

— Bem a propósito me apareceis para atender os desejos do meu peito ardente, que por certo cumprireis. Procurai, por favor, com todo o empenho, aquela fugitiva, Psiquê, pois creio que já sabeis das belas lendas sobre a minha família, sem falar nos atos do meu filho que não vos devem ter sido ocultados.

Mas Deméter e Hera, que não desconheciam os acontecimentos, tentaram aplacar a fúria da deusa, acalmando-a.

— O que fez teu filho de tão terrível, por que queres combater tão obstinadamente os seus prazeres e por que desejas aniquilar aquela que ele ama? Que crime será esse de sorrir para uma bela mulher? Ou acaso não sabes que ele pertence ao sexo masculino e que já é um adolescente, ou acaso esqueceste quantos anos ele tem? Ou achas que ainda é um menino, pelo fato de não aparentar a idade real? Mas tu, que és sua mãe e ainda por cima uma mulher compreensiva, continuarás a investigar sempre com curiosidade os jogos amorosos do rapaz, e desprezar seu ardor juvenil? Queres destruir seus amores e repreender o atrativo da beleza e do prazer das relações humanas, até do teu filho? Quem dentre os deuses, quem dentre os mortais suportará que semeies paixões entre os homens, se proíbes teus familiares de gozarem os encantos do amor e os excluis de todas as alegrias proporcionadas pela entrega da mulher, um prazer que todos podem ter?

Elas lisonjeavam Eros por medo de suas flechas, defendendo-o apesar de ele não estar presente. Vênus, entretanto, irritada por ver que a injustiça que sofrera era tratada com pouco-caso, abandonou-as no meio do caminho e, virando-se para o outro lado, retirou-se apressadamente para o mar.

Enquanto isso, Psiquê continuava sua triste peregrinação, buscando noite e dia pelo esposo. Quanto mais desespero sentia na alma, tanto mais sequioso de amor ficava também o encolerizado Eros, visto sentir falta do amor da esposa para aplacar-lhe os desejos; também não conseguia satisfazer-se com os favores obtidos de uma escrava.

Quando Psiquê avistou um templo no alto de uma montanha, disse para si mesma: "Se ao menos eu soubesse que é lá que se oculta o meu senhor!"

No mesmo instante, esquecido o cansaço por serem tão grandes a esperança e o desejo, dirigiu-se para lá com passos apressados. Depois de alcançar o cume, tendo obstinadamente escalado a encosta íngreme, entrou diretamente no templo divino. Viu espigas de trigo e de cevada empilhadas num monte e outras trançadas em forma de guirlandas. Também havia foices e todos os instrumentos necessários à colheita; contudo, estavam todos esparramados na mais completa desordem, tal como os ceifadores costumam abandoná-los quando chega o calor do verão. Psiquê arrumou tudo com muito cuidado, na crença compreensível de que não se deve negligenciar nenhum templo, pertença ele a qualquer deus, nem descuidar de seus rituais, mas que se deve pedir pela graça geral de todos eles.

Enquanto cuidava de organizar tudo, eis que Deméter se aproxima e, ao encontrá-la, clama em voz alta:

— É possível que sejas Psiquê tão digna de pena? Vênus procura enraivecida e encolerizada pela tua pista em todo o mundo, pedindo a todos os que te encontrarem para que recebas os mais cruéis castigos; ela exige vingança contra ti, usando para tal todos os poderes da sua condição de deusa. Tu, no entanto, te ocupas agora com as minhas coisas em vez de tentar salvar a tua pele?

Então Psiquê arremessa-se aos pés da deusa, chorando copiosamente, molhando até as sandálias de Deméter e varrendo o chão com os cabelos. Ela lhe pede, através das súplicas mais ardentes, que a deusa tenha piedade:

— Por tua mão direita que despende fertilidade, te suplico, pelos alegres rituais que acompanham as colheitas, pelos segredos ocultos nas arcas, pelo teu carro transportado pelas tuas serviçais serpentes, pelos sulcos das glebas da terra siciliana, pelo belo carro fúnebre de Hades, pela terra que nos sustenta, pela descida de Perséfone às núpcias sombrias e pela ressurreição da filha para o reencontro luminoso, por tudo o mais que cobre de mistério a tua morada no Elêusis: ajuda a alma digna de pena desta Psiquê que te suplica com toda a humildade! Permite que me esconda por uns poucos dias no meio dos montes de espigas de trigo, até que se abrande a fúria da grande deusa devido à passagem do tempo e à grande distância, ou ao menos permite que eu recupere as forças do grande cansaço que me ocasionou a perda da paz.

Mas Deméter contradiz:

— Com tuas súplicas regadas a pranto sinto-me de fato comovida e gostaria de poder ajudar-te; mas não posso cair no desagrado dos meus parentes sanguíneos, com os quais tenho um antigo pacto de amizade. Portanto, sai logo do meu templo e fica contente pelo fato de eu não te reter e não te mandar seguir.

Vendo malograr suas esperanças e abatida por dupla tristeza, Psiquê retoma o caminho de volta e vê no vale, no sopé da montanha, no meio do bosque, um santuário construído com bastante arte; e como não se apresentasse outro caminho, mesmo que esse fosse duvidoso no que se referia à esperança, resolveu pedir a misericórdia do deus ao qual pertencia; aproximou-se assim do pórtico sagrado. Viu maravilhosos presentes e vestidos bordados com letras douradas pendurados nos ramos das árvores e nos postes, ofertas de agradecimento dedicadas à deusa à qual eram consagradas. Então Psiquê abraça de joelhos o altar ainda quente, depois de secar as lágrimas, e suplica:

— Irmã e esposa do grande Júpiter: tu que és honrada em Samos somente por teu nascimento, por teu primeiro vagido e criação, e que és encontrada nos templos antigos; tu que visitas os felizes lugares da alta Cartago onde te veneram como a virgem que viaja para o céu num carro atrelado com leões; tu que velas pelos famosíssimos muros de Argos, às margens do Ínaco onde te aclamam há muito como a rainha dos deuses e a esposa do trovão; tu, que todo o Oriente venera como a protetora dos casamentos e todo o Ocidente como a fornecedora da luz. Sejas, Hera, tu a *salvadora* da minha terrível queda e liberta-me daqueles sofrimentos e contínuos esforços causados pelo medo que sinto do perigo que me ameaça! Tanto quanto sei, costumas ajudar de boa vontade a evitar riscos durante a gravidez.

À suplicante, apresentou-se Hera com toda a dignidade de sua majestosa divindade e lhe disse:

— Como gostaria — disse ela —, dou-te a minha palavra, de adaptar minhas ordens às tuas súplicas! Mas contra a vontade de Vênus, minha sogra, a quem sempre amei como filha, me impede a vergonha de agir. Além disso, também estou de mãos atadas pelas leis que não permitem que escravas fugitivas estrangeiras sejam acolhidas contra a vontade de seus donos.

Desesperada com esse novo naufrágio de sua felicidade, e vendo malograr todos os seus esforços de descobrir o alado marido, Psiquê desiste de toda esperança de salvação e tenta resolver-se, travando consigo mesma o seguinte monólogo:

"Que outra ajuda podes esperar para a tua labuta, a quem mais podes recorrer, se nem sequer pudeste contar com a boa vontade das deusas? Presa nessa armadilha, para onde caminhar, e sob que teto ou em que escuridão queres te ocultar para fugires aos penetrantes olhares da grande Vênus? Por que, Psiquê, não te resolves e desiste de todo e qualquer resquício de esperança e te entregas voluntariamente à tua senhora, tentando mitigar-lhe o ódio, mesmo que com tua tardia submissão? Quem sabe não encontrarás no palácio da mãe aquele por quem tanto procuras?"

Assim, preparada para uma desastrosa rendição, mas mais preparada ainda para uma queda evidente, Psiquê pensa em como iniciar a provação que tem à frente.

Entrementes, pouco inclinada a usar os meios terrenos de investigação, Vênus parte para o céu. Ordena que lhe preparem a carruagem primorosamente polida e construída às pressas pelo ourives Hefestos, que sutilmente a deu de presente de casamento à deusa antes de sua primeira tentativa dentro da câmara nupcial, pressa que lhe custou um ferimento com a lima afiada, bem como certo prejuízo financeiro.

Das várias pombas presas nos aposentos da deusa, adiantaram-se quatro que, com passo ligeiro, enfiaram os pescoços pintados nas trelas preciosas que puxavam a carruagem; e, junto com a deusa, levantaram voo alegremente. Acompanhando a carruagem, os pardais voavam fazendo alegre estardalhaço, e os demais pássaros, cantando docemente, anunciavam com sua melodiosa ressonância a chegada da deusa. As nuvens do céu se abriram para receber sua filha e o éter superior saudou a deusa com alegria. Diante das águias e dos gaviões rapaces que vieram saudá-la, a ruidosa comitiva alada da grande Vênus não demonstrou nenhum temor.

Vênus dirigiu-se diretamente à corte de Júpiter e exigiu, com pedidos gentis, a preciosa assistência de Mercúrio, o mensageiro dos deuses. O olhar azul de Júpiter, sem desviar-se do da deusa, concedeu-lhe a permissão. Em seguida, tentadora, Vênus empreende a descida do céu acompanhada por Mercúrio, ao qual encanta com as seguintes palavras:

— Tu bem sabes, arcádico irmão, que tua irmã Vênus nunca faz nada sem contar com a tua presença; e ninguém melhor do que tu conheces o fato de que há tempos venho buscando encontrar a pista dessa escrava fugida. Nada mais resta então do que pedir-te para anunciares pelo mundo inteiro a sua fuga e prometeres a quem a encontrar primeiro uma valiosa recompensa. Faze com que minha ordem seja cumprida sem demora e espalha com exatidão os traços pelos quais ela pode ser reconhecida, para que ninguém ouse cometer o crime de acobertá-la alegando não saber quem ela é.

E, ao terminar de falar, entregou-lhe um papelucho, no qual estava anotado o nome de Psiquê e a descrição da sua aparência física. Tendo feito isso, voltou diretamente para casa. No entanto, Mercúrio não se esqueceu da obediência que devia à deusa. Pois, percorrendo o mundo inteiro, cumpriu as ordens da deusa, divulgando o seguinte anúncio: "Se alguém souber do paradeiro ou puder fornecer alguma pista sobre a criada Psiquê, pertencente à rainha das deusas, Vênus, pode encontrar-se com o mensageiro dos deuses, Mercúrio, atrás da Pirâmide, pois, cumprindo ordens da própria deusa, será recebido por sete adoráveis beldades e por um belo rapaz, doces como mel ao toque da língua.

A promessa contida no anúncio de Mercúrio despertou a cobiça de todos os mortais, que se entusiasmaram diante da perspectiva de receber esse prêmio.

Esse anúncio apressou a deliberação de Psiquê, que dirigiu-se com pressa para o palácio da deusa. Já estava bastante próxima deste quando foi avistada por uma das escravas do palácio, cujo nome era Hábito.

Tão logo avistou Psiquê, a serva pôs-se a gritar, tão alto quanto podia:

— Afinal, criada imprestável, te lembraste de que tens uma senhora? Ou, segundo teus maus costumes, fazes de conta que nada sabes a respeito do trabalho que tivemos para te encontrar? Sorte tua que ficaste presa entre as grades do Orco, pois assim poderás receber logo o castigo pela tua teimosia!

E, agarrando-a pelos cabelos com brutalidade, arrastou-a até sua Senhora, embora Psiquê não lhe oferecesse resistência.

Assim que Vênus viu Psiquê, suas feições contorceram-se numa gargalhada gutural, igual às que os dementes costumam soltar e, sacudindo-a pela cabeça e puxando-lhe as orelhas, falou:

— Afinal me dás a honra de vires cumprimentar tua sogra? Ou vieste por causa do teu marido, que está com a saúde abalada devido à ferida que lhe causaste? Mas não te preocupes, pois já te darei uma recepção digna de uma nora tão boa!

E chamou:

— Onde estão minhas criadas, Inquietação e Tristeza?

Depois de fazê-las entrar, entregou-lhes Psiquê para que estas a torturassem.

As servas, seguindo as ordens da senhora, bateram em Psiquê com os açoites e a torturaram com todos os demais instrumentos disponíveis de tortura; em seguida, conduziram-na de volta à presença da deusa. Então Vênus disse com um sorriso feroz nos lábios:

— Vede só, com o encanto da sua enorme barriga ela quer despertar nossa compaixão, pois, através do divino rebento que traz no ventre, conta em transformar-me em avó. Afortunada sou, de fato, se for chamada de avó na flor dos meus anos e mais ainda se chamar o filho de uma criada de neto de Vênus. No entanto, estou sendo parva ao dizer filho; pois esse casamento não é legítimo e, além disso, nenhum casamento pode ser considerado consumado sem a anuência do pai. E assim, ele nascerá como um bastardo, isso caso eu venha a consentir no nascimento.

Dizendo isso, lançou-se sobre Psiquê, rasgando-lhe e tirando-lhe as vestes do corpo, arrancando-lhe os cabelos. Espancou-a da cabeça aos pés. Em seguida, fez um grande e único monte misturando uma grande quantidade de trigo, cevada, milho, grão-de-bico, sementes de papoula, lentilhas e favas, dizendo a Psiquê:

— Parece-me que tu, criada inútil, só podes conquistar teu amante na medida em que trabalhares arduamente, e de nenhum outro modo. Além disso, com esse trabalho também porei em risco o fruto do teu ventre. Separa esse monte por espécies e depois que tiveres feito isso de forma correta, mostra-me a tarefa cumprida até a noite.

Como tivesse despejado grande quantidade de grãos, Vênus foi entregar-se aos regalos de uma festa amorosa.

Psiquê, vendo que a tarefa era inexequível, nem mesmo tentou executá-la, permanecendo imóvel, em silêncio.

Uma formiguinha que passava por ali, esse animalzinho tão incrivelmente trabalhador, avaliou a impossibilidade da execução de tarefa tão enorme, e sentiu pena da amante do deus do amor. E, amaldiçoando a perversidade da sogra, convocou um batalhão de formigas para que estas viessem em socorro de Psiquê:

— Tende piedade, ó criaturinhas ágeis da terra, mãe de todos, tende piedade da esposa do Amor, dessa adorável menina!

Trabalhando sem cessar, com a maior das pressas e reunindo esforços conjuntos, as formiguinhas separaram espécie por espécie, grão por grão; depois de arrumarem tudo em montes separados, sumiram rapidamente de vista.

No início da noite, Vênus voltou da festa, recendendo a vinho e perfumada a bálsamo, com todo o corpo emoldurado por rosas brilhantes; quando viu o sucesso e o esforço do trabalho maravilhoso, disse com ódio:

— Não se trata de trabalho teu, sua inútil, nem o esforço foi feito pelas tuas mãos; quem fez tudo foi ele, ao qual causaste uma desgraça e que ainda sofrerá mais por tua causa! — E, depois de atirar-lhe um pedaço de pão embolorado, retirou-se para seus aposentos. Enquanto isso, Eros estava trancado sozinho numa ala retirada do castelo, em parte para que sua ferida não se agravasse por alguma negligência intencional, em parte para que não se encontrasse com quem tanto desejava. De sorte que os dois amantes tiveram de passar isolados debaixo do mesmo teto uma noite pavorosa.

Mal a aurora despontou, Vênus chamou Psiquê e lhe disse o seguinte:

— Vês aquele bosque que acompanha as margens do rio, repleto de imensos sorvedouros provenientes de quedas de água das montanhas próximas? Por ali vagueiam ovelhas ferozes com os dorsos cobertos de flocos de lã de ouro. Creio que me trarás, custe o que te custar, um pouco dessa lã assim que a encontrares.

Psiquê acatou a ordem sem revidar, não para cumprir a tarefa, mas para precipitar-se nas águas impetuosas do rio, jogando-se do rochedo para obter paz de tanto sofrimento. Contudo, do rio, lhe diz um simples caniço verde, por inspiração divina, um daqueles caniços que espalham pelo ar doces melodias à mãe da natureza:

— Psiquê, não perturbes minhas águas sagradas com tua morte miserável, nem tentes aproximar-te das ovelhas enquanto o sol estiver a pino, visto que o calor as deixa tomadas de terrível furor, o que as faz atacar com os chifres e morder com mordidelas venenosas e letais qualquer mortal que as venha perturbar. Mas quando o calor do meio do dia tiver se aplacado, e o rebanho descansar devido ao vento fresco proveniente do rio, podes ir até o plátano e ocultar-te embaixo dele, pois ele é alto e bebe junto comigo da água do mesmo rio. E quando o furor das ovelhas já tiver se aplacado e elas estiverem mais descansadas, basta sacudires as árvores do bosque e colher os flocos de lã dourada que ficam presos por toda a parte dos seus galhos curvados.

Foi assim que o caniço salvou a vida de Psiquê, ensinando-a como agir através desse ardil. E esta, não se arrependeu de dar-lhe ouvidos, não hesitando em cumprir e em seguir cuidadosamente à risca as instruções; e pôde voltar com o regaço cheio de flocos de lã de ouro para junto de Vênus. A deusa não se comoveu com o êxito de mais essa tarefa e, com as sobrancelhas cerradas, rindo cinicamente, disse:

— Sei muito bem quem foi o mestre dessa ação também! Mas agora vou tentar com empenho descobrir se tens de fato grande coragem e se és mesmo esperta. Vês o rochedo escorregadio da alta montanha? De lá rolam em cascatas as águas escuras que alimentam no vale próximo os dois rios: o Cocito e o Estige. Lá chegando, sobe ao rochedo e enche a jarra com as águas espumantes da fonte mais alta.

Dizendo isso, Vênus deu a Psiquê um recipiente de puro cristal liso e, além disso, ainda a insultou o quanto pôde.

Psiquê, contudo, apressando o passo, procurou chegar logo ao rochedo, certa de conseguir pôr fim à sua infeliz vida. Mas mal chegou ao rochedo ficou como que petrificada diante da dificuldade da tarefa. O rochedo íngreme era alto demais e terrivelmente perigoso, pois era escorregadio. As águas jorravam bem no meio de uma cavidade arremessando-se no abismo, correndo através de um canal muito estreito e encoberto pela vegetação que ia dar no vale. Do lado esquerdo e do lado direito, de grotas selvagens saíam os pescoços compridos de cobras venenosas, cuja missão era montar guarda noite e dia, com a atenta vigilância de suas pupilas brilhantes. E até as próprias águas se protegiam, pois eram dotadas de vozes que diziam: "Sai daqui!" E, "O que fazes? Presta atenção!" e ainda: "Que pensas fazer? Acautela-te!" E: "Foge!" Mais ainda: "Tu morrerás." Assim gritavam as águas turbulentas. Petrificada de horror, embora fisicamente presente, Psiquê estava com os sentidos amortecidos; dada a imensidão dos perigos, ficou inteiramente inerte, sem sequer poder chorar, o que seria o seu último consolo. Mas aos olhos da Criação não escapou o tormento dessa alma inocente. Pois a águia real, a predileta de Júpiter, resolveu socorrê-la por ter-se lembrado da inestimável ajuda que tivera de Eros por ocasião do rapto de Ganimedes. Este foi levado e entregue a Júpiter como presente sob a orientação de Eros. Homenageando a divindade do deus, a águia resolveu ajudar a esposa caída em desgraça, abandonando os ares frescos da abóbada celeste a fim de vir em seu socorro. Voando diretamente em direção à menina, disse-lhe:

— Achas que serás capaz, tu que és inexperiente e não tens prática de fazer essas coisas, de tirar uma só gota dessa água, quanto mais de chegares até a fonte, empreitada não menos perigosa? Não ficaste sabendo, por ouvir falar, que mesmo os deuses temem as águas do Estige, e que nem o próprio Júpiter escapa a esse medo?

Não sabes também que, assim como os mortais costumam jurar pelos deuses, estes fazem seus juramentos invocando as águas do Estige? Mas agora entrega-me a tua jarra.

Com a jarra bem segura entre as garras, a águia apressou-se. Balançando as asas, passou rápida por entre os dentes e as línguas trifurcadas das serpentes. Esticando as asas para a direita e para a esquerda como se fossem remos, conseguiu apanhar a água. Estas estiveram de acordo e cuidaram para que a águia nada sofresse e saísse ilesa dali, visto que esta lhes disse que cumpria ordens de Vênus e que estava a seu serviço. Isso facilitou-lhe a tarefa. Assim foi que Psiquê pôde voltar com a jarra que recebeu alegremente da águia, entregando-a a Vênus.

Também dessa vez o temperamento raivoso da deusa não se aplacou. Pois ela lhe deu outra tarefa ainda mais fatal, com um sorriso sinistro:

— Parece que tu és uma grande e poderosa bruxa, visto que cumpriste minhas instruções com tanta facilidade! Mas agora, minha preciosidade, é preciso que me tragas mais uma coisa. Pega esta caixinha!

E a deusa lhe entregou a caixinha ordenando-lhe:

— Desce até o inferno e vai até o palácio do Orco. Então dize a Perséfone, ao lhe entregar esta caixinha:

— Vênus pede-te que mandes um pouquinho da beleza imortal que é tua, um tanto que baste para um único dia. Pois a beleza de que dispunha, ela gastou, consumindo-a nos cuidados com o filho doente. Mas não voltes tarde demais, pois preciso dessa pomada para ir à reunião dos imortais ainda hoje.

Foi então que Psiquê compreendeu que seu fim estava próximo. Não havia mais enigmas, e enviavam-na sem mais disfarces para a própria morte. Como não? Pois estavam mandando que fosse voluntariamente ao Tártaro e que se misturasse às almas dos mortos. Sem mais delongas, ela dirigiu-se a uma grande torre muito alta, a fim de precipitar-se de lá de cima: este, pensou, seria o atalho mais curto para chegar mais depressa ao fundo do Hades. Mas a torre, de repente, resolveu falar, dizendo:

— Por que, pobre infeliz, queres te matar constantemente? E por que recuas ante essa prova derradeira e diante desse novo perigo? Quando o espírito se tiver separado do teu corpo definitivamente, é claro que chegarás ao mundo dos mortos, mas de lá não poderás nunca mais voltar. Ouve-me, por favor! Não muito longe daqui, na nobre Acaia, existe a cidade de Lacônia; nas proximidades fica o cabo Tênaro, oculto nessa região na qual não existem caminhos. Ali fica a entrada do

Hades e através de portões sonolentos verás o caminho sem caminho ao qual terás de te entregar, mal passes pela porta. E logo chegarás diretamente ao Palácio do Orco. Contudo, não deves te aventurar nessas regiões de trevas sem levar em cada mão dois pedaços de bolo adoçado com hidromel e na boca duas moedas. Quando já tiveres percorrido parte do caminho que traz a morte, verás um asno coxo que puxa uma carrocinha de lenha conduzida por um condutor também coxo. Este te pedirá para pegar algumas lascas de madeira caída ao chão; mas prossegue teu caminho sem lhe responderes nada. Logo chegarás então ao rio da morte. Serás abordada por Caronte, que te proporá a travessia do rio infernal em sua barca, mediante o pagamento da passagem. Portanto, já vês que também junto aos mortos existe a cobiça, e nem Caronte, nem o pai Plutão, que é um deus tão poderoso, fazem coisa alguma de graça; o pobre do agonizante precisa ter uma moeda e, se não tiver dinheiro à mão, ninguém permite que ele morra. A esse velho asqueroso darás como pagamento da passagem uma das moedas que trazes na boca, mas faze com que ele mesmo a pegue. Mais uma coisa: quando estiveres em meio à travessia dos rios infernais, um velho erguerá do fundo das águas as mãos podres e implorará para que o puxes para bordo; não te deixes levar, porém, pela tua compaixão ilícita. Do outro lado do rio, depois que tiveres andado um bom trecho de caminho, encontrarás umas velhas fiandeiras que te pedirão ajuda, mas não deves atendê-las, pois não tens permissão para tocá-las. Tudo isso te aguarda e muito mais, e tudo são instruções de Vênus para que deixes cair um dos bolos que levas nas mãos. Não aches que a perda dos bolos não seja importante! Pois, se perderes um só não mais verás a luz. Pois um enorme cão com uma cabeça bastante larga e grande, monstruoso e horripilante, late com toda a força dos pulmões para os mortos: ele não lhes pode fazer mal e monta guarda, tentando assustá-los inutilmente, diante da casa vazia de Plutão, limiar do sombrio átrio de Perséfone. Com o pedacinho de bolo, passarás facilmente por ele e chegarás diretamente até Perséfone, que te receberá com toda a gentileza e te convidará a sentar e a participar de um lauto banquete. Mas deves sentar-te no chão e pedir apenas um pedaço de pão preto, que aceitarás. Dize em seguida por que a procuraste, e depois que receberes o que ela te oferecer, compra a tua passagem de saída com o que restou do bolo, entregando-o ao cão. Dá ao cobiçoso barqueiro a moeda que guardaste e, depois que tiveres atravessado o rio regressando ao lugar de origem, voltarás acompanhada pelo coro dos astros. Mas em nenhuma hipótese deves abrir nem olhar para o conteúdo misterioso da beleza imortal contido na caixinha.

Desta forma, a torre dá a Psiquê o presente da sua clarividência. Psiquê, sem demora, põe-se a caminho do Tênaro, e depois que as moedas e os pedaços de bolo foram corretamente aceitos, ela seguiu para o reino dos mortos. Depois de passar pelo burriqueiro coxo sem nada dizer e depois de ter pago a passagem para embarcar e chegar à outra margem, não ligou para o morto que boiava nas águas do rio, não atendeu às súplicas das fiandeiras e, logo depois, aplacou a ira do cão com o bolo que trazia numa das mãos. Conseguiu assim entrar na casa de Perséfone. Sem aceitar o assento macio nem a lauta refeição, sentou-se no chão comendo seu pedaço de pão. Disse a Perséfone o que Vênus a encarregara de dizer, recebendo em seguida a caixinha cheia e fechada. Depois de tornar a desarmar o cão com o segundo pedaço de bolo e de dar a última moeda ao barqueiro, ficou bem feliz de voltar pelo caminho que já percorrera. No retorno do mundo das trevas, e já em plena luz, com pressa de terminar logo a execução de sua tarefa, seu espírito foi, no entanto, assaltado por grande curiosidade.

E então disse para si mesma: "Sou uma tola mensageira que carrega a beleza imortal e nem sequer peguei um pouquinho para mim a fim de conquistar meu lindíssimo amante."

E ao dizer isso, abriu a caixinha. Mas nada do que era esperado esta continha, nem sequer a beleza imortal, mas o sono estígio espalhando-se por toda a volta; uma vez liberto, quando ela abriu a tampa da caixinha, ele se apoderou como uma névoa de todos os membros de Psiquê, prostrando-a no meio do caminho, imóvel como se estivesse morta.

Contudo, Eros, já curado do ferimento produzido, que cicatrizara, e louco de saudades da sua Psiquê, escapuliu pela janela do quarto que lhe servia de cárcere e, num voo rápido, graças ao longo descanso a que submetera suas asas, aproximou-se nervoso da sua Psiquê. Cuidadosamente, colocou o sono letárgico de volta à caixinha e despertou a adormecida esposa com um leve toque da ponta de uma de suas flechas.

— Vê — repreendeu-a ele — aonde tua curiosidade quase te levou? No entanto, cumpre a missão de que minha mãe te incumbiu com toda a tranquilidade e deixa o resto por minha conta.

Com essas palavras, entregou a Psiquê a caixinha, presente de Perséfone para Vênus, e levantou voo com um movimento ágil de suas asas.

Eros, tão apaixonado como nunca pela sua Psiquê, teme contudo a ira materna; portanto, dirige-se imediatamente ao velho "barrilzinho de vinho", vai diretamente à abertura do céu e pede, expondo a causa, que o grande Júpiter seja o seu advogado. Este belisca a bochecha de Eros e, depois de beijá-la, lhe diz:

— Tu, Senhor Filho, que nunca me homenageaste com a honra que todos os deuses me conferem, mas que feriste bastante este peito no qual são organizadas as leis dos elementos e a revolução dos astros; tu que, através dos inúmeros casos ilícitos de amor mundano, me desrespeitaste e atentaste contra as leis, até mesmo contra as leis julianas relativas ao adultério, na medida em que transformaste porcamente minhas alegres feições em cobras, em fogo, em animais selvagens, em pássaros e rebanhos de pastagens; mas apesar de tudo isso, levando em conta minha ternura e pelo fato de ter-te criado com as próprias mãos, te concederei tudo o que pediste; mas quando uma menina mortal se destacar pela beleza, terás de me prestar um favor para recompensar o que agora te dou.

Tendo falado, Júpiter ordenou que Mercúrio convocasse todos os deuses para uma assembleia: quem ousasse desobedecer, ficando longe do círculo celestial, seria castigado, tendo de pagar dez mil moedas. Com medo desse castigo, logo o local da reunião ficou repleto de deuses e, sentado no seu trono, Júpiter fez a seguinte exposição:

— Deuses, vós que tendes os nomes inscritos nos arquivos das musas, conheceis de fato este jovem que eu mesmo eduquei. Julgo que convém refrear para sempre as suas desregradas paixões. Basta de ouvir falar de seus escândalos diários no mundo inteiro a respeito de seus adultérios e devassidões. É chegado o momento de tirar-lhe todas as oportunidades de praticar a luxúria e aprisionar-lhe o temperamento lascivo nos laços do himeneu. Ele escolheu uma donzela, e roubou-lhe a virgindade. Que ele fique com ela, e ela o conserve para sempre, que ele tenha Psiquê em seus braços por toda a eternidade.

E virando o rosto para Vênus, disse:

— E quanto a ti, filha, não te perturbes com nada e não temas este casamento celebrado entre um deus e uma mortal. Farei com que tenham um casamento legítimo e de acordo com o direito civil do Olimpo. — E, imediatamente, ordenou que Mercúrio raptasse Psiquê da terra e a trouxesse para o céu. Indo-lhe ao encontro com uma taça de ambrosia, a bebida dos imortais, disse-lhe:

— Bebe, Psiquê, e sê imortal. Eros jamais abandonará os teus braços, porquanto vosso casamento será perfeito.

Em seguida foi servido um esplêndido banquete de núpcias. No trono mais elevado, ficaram Eros com sua esposa Psiquê no colo. E Júpiter com a sua Hera e, depois, segundo a ordem hierárquica, os demais deuses. Muita ambrosia foi servida pelo jovem camponês Baco, deus do vinho. A comida foi preparada por Hefesto; as ninfas cobriram tudo com rosas e outras flores, enquanto as Graças espargiram bálsamos perfumados e as Musas fizeram ouvir seus cantos. Apolo cantou acompanhado à cítara, Vênus dançou maravilhosa e ritmadamente ao som da música. A cena toda parecia ter sido organizada — as Musas cantavam em coro, ou sopravam as flautas; um sátiro e um Pã tocavam suas flautas mágicas.

Dessa forma, Eros casou-se com Psiquê segundo o ritual do Olimpo. No momento apropriado, nasceu-lhes uma filha, Volúpia.

ERICH NEUMANN

EROS E PSIQUÊ

Uma Contribuição para o Desenvolvimento da Psique Feminina

O mito de Eros e Psiquê divide-se em oito partes que seguimos na nossa interpretação. Psiquê, filha de um rei, é venerada como deusa graças à sua beleza supraterrena. Os homens se esquecem do culto a Afrodite e dedicam-no a Psiquê. Com isso, é despertado o ciúme mortal de Afrodite, que exige que seu filho Eros a vingue e que aniquile Psiquê fazendo-a apaixonar-se pelo "mais vil dos seres".

Os pais de Psiquê, que embora bela não tem amor, consultam o oráculo, a fim de conseguir um marido para ela, recebendo deste esta terrível resposta:

Leva, ó rei, tua filha para o rochedo mais alto do monte,
E a expõe suntuosamente ataviada para as núpcias mortais,
Não esperes para genro um homem de estirpe mortal,
Mas um monstro cruel e feroz, cercado por cobras,
Ele voa pelos ares e não poupa, viperino, ninguém,
Destrói tudo, pois sabe como fazê-lo, com ferro e fogo,
Faz tremer o próprio Júpiter e aterroriza os imortais,
Pois também eles estremecem de horror diante das trevas
*do Estige.**

Os infelizes pais obedecem a ordem do oráculo e entregam Psiquê às núpcias de morte com o monstro. O que acontece a seguir é surpreendente, pois Psiquê não é morta, mas levada pelo Zéfiro para viver uma vida paradisíaca com um marido invisível, com Eros, que a escolheu para esposa. Segue-se a entrada das irmãs mais velhas, invejosas, no idílio de Psiquê e Eros. Apesar das advertências de Eros, Psiquê ouve suas

---

* Citamos, onde não se menciona especificamente, a tradução de A. Schaeffer, Editora Insel, 1929, que segue fielmente o texto original de Apuleio.

irmãs e decide-se a matar o monstro que estas lhe descreveram como seu marido, surpreendendo-o à noite. O ponto central da próxima parte é o ato de Psiquê, que à luz do candeeiro, contra a vontade do deus, reconhece Eros, que é acordado por uma gota de óleo fervente que o fere no ombro, e que, tal como fora previsto, vem a perdê-lo. A busca de Psiquê pelo amante perdido, seu confronto com a ira de Afrodite e o cumprimento das tarefas que esta lhe impôs formam as próximas partes. Elas terminam com a queda de Psiquê, que abre a caixinha de Perséfone e cai num sono semelhante à morte. No capítulo final, vem a salvação de Psiquê por Eros e sua admissão ao Olimpo como esposa imortal.

O tema central do mito é, sem dúvida, o conflito entre Psiquê e Afrodite. A beleza de Psiquê é tão grande que ela é venerada como se fosse a própria Afrodite. Dizia-se que a deusa que surgiu das profundezas azuis do mar e que nasceu das espumas das ondas estaria espalhando por toda parte sua divindade na medida em que vivia entre os povos da terra. A pior ofensa para a deusa Afrodite, no entanto, era o fato de os homens acreditarem que o céu derramara novo e fecundante orvalho germinando, não no mar, mas na terra,[*] uma segunda Afrodite com todo o viço da mocidade. Essa crença geral não

---

[*] Preferimos usar neste lugar a palavra terra, em vez de usar "mundo" como Schaeffer traduziu o termo.

vê Psiquê como uma encarnação da deusa, o que esta ainda acharia aceitável, mas se fala "de uma segunda Afrodite, recém-concebida e recém-nascida". Por certo, essa "nova crença" alude ao fato de a mãe de Eros ter sido concebida no bojo do mar, em virtude do esperma do falo decepado de Urano. Mas que a nova Afrodite nascera da terra, fecundada por uma gota de orvalho caída do céu. Que essa "nova crença" não provém do arbítrio de nossa interpretação, mas se fundamenta no cerne do mito de Psiquê ficará bem visível durante nossa explicação. O aparecimento do conflito entre Afrodite e Psiquê que existe já no início da narrativa revela seu sentido como o motivo central.

O nascimento de Psiquê é um acontecimento secular, tal como a transformação do relacionamento dos homens com Afrodite o demonstra e o conto relata. Há uma correlação com a fama de que "o grande Pã está morto", como se dizia na época final da antiguidade. "E logo inumeráveis mortais empreenderam longas viagens atravessando as terríveis correntezas marítimas rumo ao glorioso símbolo do século. Ninguém mais viajava a Pafo, a Cnido ou nem mesmo a Citera a fim de contemplar a deusa Afrodite; os sacrifícios em sua honra foram adiados, os templos esquecidos, os estofados abandonados, as cerimônias negligenciadas, os quadros deixaram de ser emoldurados e os altares permaneceram vazios, recobertos de cinzas frias. Rezava-se para a menina."

A reação a esse acontecimento é que a própria Afrodite se amotina como uma deusa "consciente da sua classe". Ela se denomina de "velha mãe da natureza e de todas as coisas" e como "origem primordial dos elementos", cujo nome, "estabelecido no céu", é profanado pela "imundície terrena". Sente-se ferida em sua vaidade, uma mulher ciumenta disposta imediatamente à vingança, e exatamente com a pior forma de vingança de que dispõe. Para Afrodite — como ela explica ao filho Eros, que ela pretende usar como instrumento "brilhando e espumante de raiva" — tudo se resume numa "competição de beleza".

Não devemos entender mal esse primoroso relato dessa situação, como uma imagem do gênero. Trata-se de algo muito mais profundo. Afrodite e seu filho Eros, que ela estimula mencionando "o vínculo do amor materno" e que ela "abraça longamente, cobrindo-o de beijos lascivos", formam um par divino de grande poder. É a Grande Mãe que se une com seu divino filho amado para a perdição da *hibris* humana com o arbítrio livre e independente dos potentados celestes, para os quais o humano é "sujeira terrena" e mortalidade. Isso significa que se trata da constelação da tragédia grega, com a qual o mito de Psiquê se inicia.

A beleza desalmada desse casal de forças imortais brilha e lampeja numa fascinação a cuja descrição ninguém poderá se furtar. Eros, o rapaz livre, de fato extraordinário, a cujos dardos estão sujeitos a própria mãe e o próprio pai, tanto Afrodite como Júpiter, esse moleque "malcriado" e inconveniente nos seus jogos, é instruído para destruir Psiquê com a arma própria de Eros e Afrodite: o amor. "Essa donzela terá de apaixonar-se perdidamente pelo mais horrendo dos monstros", como Schaeffer tão bem traduziu, "um ser tão ignóbil que em todo o mundo não encontre quem queira partilhar do seu sofrimento". O feitiço mortal da toda-poderosa deusa, a Grande Mãe, cujas bruxas, magos e o poder de transformar em animais modificam sua imagem elevada, transforma-se na evidente falta de vergonha de uma feminilidade divinamente impiedosa e verdadeiramente desalmada. Todas as qualidades juntas, a beleza divina, a vaidade e a paixão desmedida, se unem à inconsequente, brincalhona e indescritível malícia do poder arrebatador de Eros. E, depois que Afrodite manifestou seu desejo de ver a feminilidade virginal e bela da flor humana Psiquê ser arrebatada por um amor ardente pelo mais abjeto e desumano "monstro" — "ela dirige-se à praia da costa mais próxima. Pisando sobre a espuma da orla das ondas revoltas com pés de solas rosadas, ela desce até o bojo macio do mar; e bastava manifestar algum desejo e logo o oceano obediente não tardava em cumpri-lo, como se já o tivesse manifestado antes". Segue-se o quadro arrebatador, repleto de colorido, de Afrodite dirigindo-se para o mar, acompanhada pelo séquito de tritões, cercada por coros musicais, sons de conchas, protegida dos raios do sol por um guarda-chuva de seda e refletindo sua beleza num espelho. Esse é o prelúdio no céu.

Na terra, no entanto, se diz: "Enquanto isso, Psiquê não colhe nenhum fruto da glória da sua beleza." Psiquê, sozinha, sem amor e sem marido, "odeia em si mesma a beleza que constitui o encantamento de nações inteiras". E o pai, que pede ao oráculo de Apolo por um casamento e um marido, recebe a terrível resposta que já conhecemos. Com isso, inicia-se o significativo capítulo das "núpcias de morte". Apesar de seu ar de conto de fadas e de sua presença apenas aludida no prelúdio do drama, ele nos leva profundamente para dentro da situação básica mitológica do acontecimento. O lúgubre cortejo para as núpcias de morte, as tochas com suas chamas trêmulas obstruídas por escura fuligem e cinzas negras, a mudança da ária festiva da flauta nupcial para plangentes acordes que terminavam num verdadeiro gemido de lamentação — o ritual feminino das núpcias de morte, elementos típicos do ritual matriarcal que precedia as lamentações por Adônis sobressaem-se como resquícios da velha época dos mitos, na tardia presença do mito da Afrodite alexandrina.

O tema primordial da noiva consagrada à morte, que também podia ser chamado de "A Morte e a Virgem", é abordado aqui e torna-se visível um fenômeno básico da psicologia feminina matriarcal.

Do ponto de vista do mundo matriarcal, todo casamento é um rapto da Core, a flor virginal, consumado por Hades, o lado simbólico masculino, terreno, do macho hostil e violador. Todo casamento é então, sob esse aspecto, "uma exposição no cume de um monte em total solidão e uma espera pelo monstro masculino a quem é entregue a noiva". O velar-se da noiva é sempre o velar, o encobrir do mistério, e o casamento, como as núpcias da morte, é um arquétipo central dos mistérios femininos.

Também o casamento da morte, que aparece em inúmeros mitos e contos de fadas, como a exposição da virgem ao monstro, ao dragão, ao feiticeiro ou ao espírito do mal, é para a profunda experiência do feminino um *Hieros Gamos*. O caráter de rapto, que o acontecimento assume no que se refere ao feminino, é a projeção, típica da fase matriarcal, do elemento hostil sobre o homem. Não basta, por exemplo, interpretar o crime das Danaides que — todas menos uma — mataram seus maridos na noite de núpcias, como a resistência do feminino ao casamento e como a dominação patriarcal do masculino. Não resta dúvida de que essa interpretação está correta; no entanto, aplica-se somente à última fase de um desenvolvimento, que se inicia muito antes.

A situação essencial do feminino, como se menciona em outro trecho, prende-se à relação primordial de identidade entre filha e mãe. Por isso, a aproximação do masculino significa, em todos os casos, separação. O casamento é sempre um mistério, mas também um mistério de morte. Para o homem, o casamento é, antes de mais nada, como bem o concebia o matriarcado, um sequestro, uma posse, uma violação — e isto é inerente à oposição básica entre o masculino e o feminino.

Não é por mero acaso que o símbolo central da virgindade é a flor, que na sua beleza e naturalidade representa o enlevo dos homens. Kerényi[1] mencionou a sua explicação sobre a forma de Perséfone quanto ao destino da morte da Core da donzela e o caráter instável do ser/não ser nos limites do Hades. E vale a pena esclarecer esse fato mitológico à luz da psicologia. É extremamente significativo que a consumação do casamento, a destruição da virgindade, se denomine "defloração" = de-floração. Esse ato representa, para o feminino, um fim e um começo, um deixar-de-ser e um entrar-na-vida-real, ligados de maneira deveras misteriosa. A virgindade, o tornar-se mulher e tornar-se mãe como uma única experiência, e nessa transição chegar às profundezas da própria existência, só é concedido e aceito pela mulher, ao menos enquanto está aberta ao acontecimento arquetípico por trás dos acontecimentos da vida real. Por isso, foi por bons motivos que o ato da defloração foi considerado pelos homens como algo muito numinoso e misterioso. Graças a isso, em muitas regiões da terra esse ato foi dissociado da vida privada e executado como se fora um ritual sagrado.

Quão decisiva deve ser, na vida feminina, a transição da virgem-flor para a mãe-fruto, torna-se visível se considerarmos como a juventude feminina se esvai depressa em condições primitivas e como é consumida com rapidez a fecundidade, se a mulher for submetida aos trabalhos pesados e duros. A dureza da transição de menina para mulher é enfatizada na medida em que, como de costume, uma vida de solteira restrita pelos limites dos adultos é liberada pelo fato de ela vir a se casar.

Temos de discutir aqui um argumento que afirma que muitas vezes não se pode falar de fato em "defloração", visto que, desde a infância, a sexualidade já pertence aos folguedos infantis, de forma harmoniosa e não acentuada e que, portanto, dar tão grande valor ao momento do "casamento" em si parece um exagero, se não estiver inteiramente fora de lugar.

Contudo, para nós, como já enfatizamos, trata-se do casamento arquetípico, de uma experiência arquetípica, e não de um procedimento fisiológico. A experiência da situação primordial das núpcias de morte pode coincidir com a primeira consumação real do casamento, com a defloração, mas não é imprescindível que seja assim, como por exemplo parece ser o caso na experiência de dar à luz.

O fato de inumeráveis mulheres consumarem o casamento ou darem à luz sem fazer a correspondente "experiência", como se pode observar com certo espanto no caso das mulheres modernas, em nada modifica a existência da situação como arquétipo e como a figura central da realidade anímica feminina. O mito, entretanto, sempre é a representação inconsciente de situações decisivas da vida da humanidade e, entre outras coisas, só por isso já tem significado, pois através de suas automanifestações imperturbadas por nenhuma consciência podemos ver o genuíno estado da experiência da humanidade.

Na poesia, que na sua forma mais elevada é vivificada pelas mesmas imagens primordiais coletivas que aparecem nos mitos, podem surgir quadros e formulações em que reaparecem os enunciados dos mitos. É uma das constatações mais felizes do significado mitológico quando se comprova que em uma poesia surge a mesma ressonância que vibra dos mitos.

Foi isto mesmo que aconteceu na poesia de Rilke, *Alceste*, na qual, ultrapassando o tema do amor conjugal, ele evoca o primitivo extrato das núpcias de morte.

A narrativa costumeira conta: Admeto obteve a permissão para que outra pessoa morresse no seu lugar. Mas quando chegou a hora de morrer, nem mãe, nem pai e nem amigo estiveram dispostos a trocar de lugar com ele. Contudo, sua mulher, Alceste, a qual, como diz Homero, "é a mais divina das mulheres", submeteu-se voluntariamente à morte.

A clássica Alceste do mundo grego patriarcal era a "boa esposa", da mesma forma que Ísis, que lamentava a morte de Osíris no Egito; a morte de Alceste que morreu no lugar do marido, o qual aceitou o fato, não lança uma luz muito favorável e é compreensível na medida em que a vida de um deus também era infinitamente mais valiosa do que a da mulher, também para Eurípedes.[2]

Na poesia de Rilke, acontece de modo diferente simplesmente porque a intuição mitológica do poeta limitou esse acontecimento ao dia das núpcias.

... und das was kam, war sie
ein wenig kleiner fast, als er sie kannte,
und leicht und traurig in dem bleichen Brautkleid.
Die andern alle sind nur ihre Gasse,
durch die sie kommt und kommt –: (gleich wird sie da sein
in seinen Armen, die sich schmerzhaft auftun).
Doch wie er wartet, spricht sie; nicht zu ihm.
Sie spricht zum Gotte, und der Gott vernimmt sie,
und alle hören's gleichsam erst im Gotte:
Ersatz kann keiner für ihn sein. Ich bin's.
Ich bin Ersatz. Denn keiner ist zu Ende,

wie ich es bin. Was bleibt mir denn von dem,
was ich hier war? Das ist' s ja, daß ich sterbe.
Hat sie dir' s nicht gesagt, da sie dir's auftrug,
daß jenes Lager, das da drinnen wartet,
zur Unterwelt gehört? Ich nahm ja Abschied.
Abschied über Abschied.
Kein Sterbender nimmt mehr davon. Ich ging ja,
damit alles, unter dem begraben,
der jetzt mein Gatte ist, zergeht, sich auflöst –.
So führ mich hin, ich sterbe ja für ihn.

[... e o que vinha era ela / quase um pouco menor do que ele a conhecia, / leve e triste em seu alvo vestido de noiva. / Pois diferentes são todas as suas vielas / através das quais ela vem e vem —: (logo ela estará / em seus braços, que se abrirão dolorosamente). / Como ele esperava, ela falou; mas não com ele. / Ela falou com Deus, e Deus a atendeu, / e todos a ouviram primeiro em Deus: / Ninguém pode ser substituto para ele. Eu sou. / Eu sou a substituta. Pois ninguém está no fim, / tal como eu. O que me resta afinal do que fui / até agora? Por isso é que eu morro. / Ela não te disse, visto que te pediu / que aquele leito, que a espera lá dentro, / pertence ao reino da morte? Eu me despedi. / Despedida atrás de despedida. / Nenhum agonizante tem mais do que eu. Pois fui / para que tudo o que, sob o túmulo daquele / que agora é meu marido, se desintegre, se libere — / então podem levar-me, pois eu morro por ele.]

A primeira impressão que se tem é a de que a interpretação de Rilke tem outro sentido e que se trata de uma licença poética; mas ao observador revela-se aqui, outra vez, a profunda regularidade e a significativa radicação do poético em sua liberdade limitada e não despótica. Se a pesquisa moderna comprovar que Alceste gozava de uma plenitude de cultos e que originalmente era uma deusa,[3] então podemos prestar atenção ao fato. Toda a harmonia entre a poesia moderna e o motivo das núpcias de morte do mito surge quando descobrimos que essa deusa Alceste é uma Core-Perséfone, uma deusa do inferno — uma deusa da morte, cujo marido Admeto originalmente era o próprio invencível Hades[4] e que ela pertence ao âmbito das grandes deusas matriarcais Fereias, que regiam na antiguidade grega. Somente com a mudança da história, transformaram a deusa Alceste em "heroína" e seu marido-deus no mortal rei Admeto, um exemplo típico da personalidade secundária, na qual o arquétipo original é reduzido ao pessoal.

Rilke também deve ter conhecido o mito com essa forma personalizada de narrativa, isso é inquestionável. Mas o que ele fez, ou melhor, o que lhe aconteceu? Para ele, Alceste transformou-se em noiva; mais ainda, transformou-se na noiva destinada às núpcias de morte, a Core-Perséfone, e o acontecimento transcende o ambiente pessoal; transcende o marido dela, o rei Admeto, acontecendo entre ela — e o deus —, o deus da morte, que é o mesmo Admeto do inferno, o seu consorte original.

Assim, através da poesia é recuperado o conjunto das circunstâncias encobertas pela passagem do tempo. A imagem primordial na alma do poeta sacudiu a vestimenta imposta ao mito através do processo histórico humano e este surgiu renovado da fonte original.

E como que para abordar o tema primordial da morte e da donzela também de outro lado, Rilke fala sobre ele numa poesia a respeito de Eurídice. Eurídice volta da morte, ela deve ser reconquistada por Orfeu para o mundo e deve retornar à vida, porém ela já pertence na sua essência, na sua virgindade, no seu estado de "flor em botão", como o disse Kerényi, mas com isso também em sua intocável "integridade", à perfeição da morte.

> *Sie war in sich. Und ihr Gestorbensein*
> *erfüllte sie wie Fülle.*
> *Wie eine Frucht von Süßigkeit und Dunkel,*
> *so war sie voll ihrem großen Tode,*

der also neu war, daß sie nichts begriff.
Sie war in einem neuen Mädchentum –
und unberührbar; ihr Geschlecht war zu,
wie eine junge Blume gegen Abend,
und ihre Hände waren der Vermählung,
so sehr entwöhnt, daß selbst des leichten Gottes
unendlich leise leitende Berührung
sie kränkte wie zu sehr Vertraulichkeit.

[Ela estava concentrada em si. E o fato de estar morta / a enchia de plenitude. / Como uma fruta de doçura e escuridão / Assim ela estava repleta da sua grande morte, / que portanto era nova e sobre ela nada compreendia. / Ela estava com uma nova virgindade — / intocável; seu sexo estava fechado como / uma flor nova se fecha ao chegar a noite, / suas mãos estavam tão desacostumadas do casamento / que até mesmo o leve toque, infinitamente suave / do deus, a ofendia, pois o considerava um / excesso de confiança.]

Desta maneira, o efeito arquetípico das núpcias de morte das donzelas da antiga época matriarcal, passando pelo sacrifício da donzela no ritual da consumação do casamento, chegou até a época moderna. O tema das núpcias de morte ocupa a posição central do mito de Psiquê, se bem que, no início, ele pareça ser uma mera vingança de Afrodite.

Bastante extraordinário e no princípio incompreensível esse tema, se prestarmos atenção somente na inocência e inexperiência da donzela Psiquê! A resposta de Psiquê, no fundo, tem uma harmonia inconsciente com o mistério do feminino, que se vê diante de uma situação de morte. Ela não reage através de luta, de protesto, de blasfêmias, de pirraça e de resistência, como a personalidade masculina teria de fazer numa situação semelhante, mas com a atitude oposta, com a aceitação do destino de morrer. Com absoluta clarividência, ela vê através do pano de fundo do acontecimento — em nenhum lugar da narrativa está explícito que esse acontecimento de fundo tenha sido revelado aos homens — e diz: "Quando nações e povos me tributaram honras divinas e a uma só voz me consagraram a nova Afrodite, então deveríeis ter padecido, chorado e me lamentado como morta." Com que naturalidade ela entende a *hybris* e seu castigo — assumindo a da humanidade e não a própria, a do seu ego — declarando-se pronta para o sacrifício com estranhas palavras de aceitação do destino, com as quais, abandonada no rochedo solitário, ela se eleva da massa do povo choroso e também dos próprios pais:

"Tenho pressa, estou ansiosa para suportar essa união feliz-infeliz,* estou ansiosa para contemplar o meu nobre esposo.

---

* Como o texto latino, para o qual a senhora do professor Jung chamou minha atenção, é *"foelices"*, ou seja, núpcias felizes, completei essa tradução com esse sentido.

Por que devo mantê-lo à distância, por que não fujo de sua presença, ele que nasceu para destruir o mundo inteiro?"

Então acontece a grande modificação, a surpresa, o que logo nos causa a profunda impressão de que se trata de um conto de fadas, a terceira fase: Psiquê com Eros no Paraíso. A consumação do casamento, que foi precedido por um grande séquito fúnebre autêntico das núpcias de morte, acontece num cenário que parece o cenário típico das narrativas das "Mil e Uma Noites". Com uma leveza barroca tudo isso é sugerido:

"E quando a noite já ia avançada, chegou-lhe aos ouvidos uma voz suave. Ela temia pela própria virgindade, pois estava completamente só, e estremecia de horror e temia o desconhecido tanto mais por ignorar-lhe a natureza. E logo o misterioso marido chegou, subiu ao leito e fez Psiquê sua mulher, mas mal o dia amanheceu desapareceu apressadamente."

E quando se acrescenta: "em breve, o que de início parecia estranho, tornou-se um deleite e as vozes desconhecidas consolavam sua solidão," logo se diz também: "Antes morrer cem vezes que perder tão doce amor. Onde estiveres, eu te amo e adoro apaixonadamente: amo-te como a própria vida. Comparado a ti, o próprio Cupido nada seria." E, ainda assim, esse é um êxtase paradisíaco em que ela murmura: "Meu esposo doce como mel, alma da tua Psiquê", um êxtase de trevas.

Acontece no não-saber e no não-ver, pois o amante só é perceptível "ao tato e aos ouvidos" — embora Psiquê esteja satisfeita assim — ao menos parece, e vive na felicidade do Paraíso. Mas como a cada Paraíso pertence uma serpente, a felicidade noturna de Psiquê não pode durar para sempre. A perturbação, a serpente desse Éden, é representada pelas irmãs, cujo aparecimento deflagra a catástrofe que, neste caso, equivale à expulsão do Paraíso.

Primeiro parece que se trata do simples tema comum e conhecido nos contos de fadas em que aparecem irmãs invejosas. Mas os temas desses contos são tudo, menos *simples*, e se os analisarmos mais de perto, descobriremos que encobrem algo muito significativo e elaborado em várias camadas.

Apesar da advertência urgente de Eros, Psiquê se encontra com as irmãs que, cegas de inveja, urdem um plano a fim de destruir a sua felicidade. O método que usam corresponde outra vez a um método universalmente conhecido, pois não se trata, em última análise, de matar o marido, mas de convencer Psiquê a quebrar o tabu e desvendar o mistério, neste caso — ver o esposo. Pois essa foi a proibição que o desconhecido esposo de Psiquê havia imposto; ela não pode vê-lo, não deve saber "quem ele é". — E a contínua repetição "nunca me perguntes isso", a proibição de nunca entrar "no quarto trancado", e o fato de Psiquê desobedecê-lo acarretaria sua perdição.

Mas como estão caracterizadas essas irmãs e que significado elas têm no curso da história de Psiquê? Deixando de lado a interpretação relativa ao conto de fadas, tentemos penetrar mais fundo no seu conteúdo. As duas irmãs, presumivelmente casadas e felizes, odeiam seus maridos do fundo de suas almas, na medida em que se pode falar em alma em seres mencionados como as fúrias, e estão imediatamente prontas a abandoná-los definitivamente. Ambas estão malcasadas, em casamentos que são o símbolo da escravidão patriarcal. Ambas são exemplos típicos daquilo a que denominamos "escravidão do feminino no patriarcado". Foram dadas a "maridos estrangeiros para serem suas serviçais". Uma delas tem um marido que é mais velho que seu pai, mais calvo que uma abóbora e tão frágil como um menino. Em todos os sentidos, ela representa o papel de filha e não o de esposa.

A outra tem de representar para o consorte o não menos desagradável papel de enfermeira. Ambas as irmãs têm um extremo ódio aos homens e representam, como podemos resumir de forma abrangente, uma posição típica do matriarcado.

Podemos provar essa tese sem dificuldade. O motivo óbvio da inveja das irmãs não deve ser entendido como a sua posição definitiva e derradeira; embora não se deva minimizá-lo, não é o ponto central da interpretação do conto. O sintoma mais evidente dessa atitude matriarcal de repúdio aos homens é a caracterização que fazem do marido invisível de Psiquê.

Quando as irmãs falam dos "perigosos e desagradáveis abraços de uma serpente asquerosa", e insinuam a Psiquê — que entrementes engravidara — que essa serpente iria devorá--la e ao filho, suas palavras têm origem visível na sexualidade insatisfeita das duas mulheres. Suas denúncias — pois falam como se fosse verdade e num tom de difamação — têm origem na insatisfação sexual de suas psiques matriarcais violadas e insultadas. Elas conseguem despertar em Psiquê esse extrato matriarcal inconsciente de ódio aos homens, de forma que ela entra num conflito que pode ser descrito assim: "no mesmo corpo ela odeia o monstro e ama o marido".

E para intensificar essa relação já tão transparente com o matriarcado e com as assassinas de maridos, as Danaides, as irmãs aconselham Psiquê a não fugir do esposo, porém a ma-tá-lo, decepando-lhe a cabeça com um punhal, símbolo mui-tíssimo conhecido — sublimado — da castração. O homem hostil, a mulher como vítima do homem-monstro, o assassi-nato do homem e a sua castração, esses símbolos matriarcais de autodefesa ou de domínio — como relacioná-los com Psiquê? Qual o significado disso tudo no mito do desenvolvi-mento de Psiquê?

As duas irmãs, com sua hostilidade aos homens e sua ati-vidade matriarcal, contrastam com a atuação de doce entrega e de autoanulação de Psiquê, que se entrega inteiramente à escravidão sexual do marido, se rende inteiramente a Eros.

Nesse paraíso de prazer, e assim é descrita a vida de Psiquê com Eros com todo o seu colorido, as duas irmãs introduzem a primeira perturbação. Na interpretação, as duas irmãs representam projeções reprimidas ou tendências matriarcais totalmente inconscientes da própria Psiquê, cuja erupção provoca um conflito íntimo. Isso quer dizer que, psicologicamente, as irmãs pertencem ao "aspecto-sombra de Psiquê". Mas só a sua pluralidade revela que chegam a camadas transpessoais do seu psiquismo.

O aparecimento das irmãs traz para Psiquê certa independência em relação ao marido. Pela primeira vez, ela considera sua vida com Eros como "uma prisão bem-aventurada" e ressente-se da falta de contato humano e tem saudades da presença de pessoas. Enquanto antes flutuava na correnteza de uma embriaguez inconsciente, agora começa a ver a fantasmagórica irrealidade do seu paraíso sensual e começa a compreender — no contato com seu amante — e a sentir a força da sua feminilidade, na medida em que apronta "cenas" e, com "sussurros apaixonados", seduz a quem a tinha seduzido.

Temos de desconsiderar a intriga das irmãs a fim de penetrarmos na verdadeira função dessas irmãs-sombra, quanto ao seu significado verdadeiro. Embora possa parecer paradoxal no início, as irmãs representam um aspecto da consciência feminina que marcará todo o desenvolvimento subsequente de Psiquê, sem o qual ela não seria o que é, uma Psiquê feminina.

Apesar da forma negativa, antimasculina e assassina, a incitação das irmãs configura a resistência da natureza feminina à situação e à atitude de Psiquê com o início de uma maior conscientização feminina. A vida de Psiquê é uma vida de sombras, uma vida nas trevas, um êxtase da sensualidade, num estado de perfeita servidão através do sexo, que sem dúvida pode ser mencionado como um demônio, um monstro.

Eros, enquanto um fascínio invisível, é exatamente tudo o que o oráculo de Apolo previu, e é nisso que as irmãs se baseiam, afirmando que Psiquê de fato é sua vítima.[*]

---

[*] A vida de Psiquê no sombrio paraíso de Eros é uma variante interessante ao mito do herói engolido pela baleia-dragão-monstro. O fato de estar e ficar presa nas trevas, aqui é encoberta pela qualidade sensual desse estado, mas também essa é uma situação arquetípica e de forma nenhuma constitui uma exceção. O perigo de ser engolido aparece com frequência através da sedução que — regressivamente — oferece o paraíso do prazer, disfarçado, tal como no conto de João e Maria, a casa de doce, que oculta um monstro voraz — no caso de Psiquê trata-se do monstro-dragão, e no caso do conto de fadas, da bruxa. Como na viagem marítima noturna o herói solar masculino acende uma luz no bojo do monstro e se livra das trevas, também Psiquê terá de livrar-se do escuro equipada com uma luz e um punhal. Porém, no mito solar masculino a ação do herói é violenta, visto que tem de matar o monstro, e essa é sua ação primordial: matar e desmembrar o dragão. Na variante feminina, no entanto, a necessidade de saber fica presa a uma necessidade maior, a necessidade de amar. Mesmo sendo compelida a machucar, ela continua a manter um vínculo muito intenso com o amado do qual não desiste, e quer conciliar e transformar.

Se a lei básica do matriarcado é de proibir o relacionamento pessoal com o homem e ele só era permitido como uma força anônima, representante da divindade, então a situação de anonimato para Psiquê está cumprida, mas, ao mesmo tempo, ela sofre a maior vergonha, a vergonha imperdoável de ter sido seduzida pelo masculino, isto é, de ter-se tornado sua serva. Para essa mácula, no matriarcado só há uma resposta: matar e castrar o macho, e é isso que as irmãs exigem de Psiquê. Na verdade, com isso não acarretam apenas uma certa regressão, mas tornam visível através do sentido, que por trás delas também está vivo, um princípio feminino mais elevado, que estimula Psiquê. Com isso, fica claro o simbolismo da situação inconsciente de Psiquê, no verdadeiro sentido do termo.

Na sua luta com Eros, Psiquê repete sempre que resistirá às suas ordens e não romperá o relacionamento com as irmãs; com uma teimosia enigmática e que contrasta com sua aparente suavidade, ela não deixa que nada a impeça de manter a relação com as irmãs: nem mesmo a urgente advertência do marido a convence. E durante essa luta ela pronuncia as reveladoras palavras, que são a chave para a sua situação interior: "Não procurarei mais ver a tua face e nem mesmo a escuridão da noite poderá ser um obstáculo à minha felicidade, pois te tenho em meus braços, luz da minha vida!"

No mesmo instante em que Psiquê dá mostras de aceitar a escuridão, isto é, a inconsciência da sua situação, e quando no abandono aparente de sua consciência individual se refere a um amante desconhecido como a "luz da minha vida", nesse exato momento um sentimento raro e surpreendente vem à tona e ela fala de modo negativo sobre sua escuridão opressiva e seu desejo de ver o amado. Ela exorciza o próprio medo do que está por vir, revelando o conhecimento inconsciente daquilo que está acontecendo. Estava enredada nas trevas; no entanto, agora há o impulso imperativo que a impele para a luz. Mesmo assim, ela percebe que um grande perigo está para cair sobre a sua cabeça. Justamente por isso, é tão comovente a frase que ela usa ao falar com Eros enquanto o tem nos braços, chamando-o de "minha luz". Embora, em última análise, seja verdade que Eros é a luz que a ilumina e que lhe indica o caminho por entre os perigos. Mas o Eros que "lhe" mostra o rumo não é o garoto travesso que a abraça à noite e que tenta, com todos os meios de que dispõe, impedi-la de perturbar o misterioso paraíso em que vivem.

Psiquê não é, como a continuação da narrativa mostra de forma enfática, uma moça "ingênua" e "simples". A hostilidade das irmãs é que corresponde inteiramente ao que se passa no íntimo da própria Psiquê. A atitude das irmãs estimula o protesto matriarcal que aflora a partir do exterior e a impele à ação. Foi por isso que Psiquê entrou em "conflito": "no mesmo corpo ela odeia o monstro e ama o marido". Pelo mesmo motivo é que as irmãs conseguiram seduzi-la. Psiquê ignora a "aparência verdadeira" de Eros, seu amante, e há tempos a oposição monstro-amante vivia no seu inconsciente, sem ter alcançado a consciência; mas foram exatamente as irmãs que a conscientizaram do presumível aspecto da "fera mortal". Com isso, Psiquê entra em conflito aberto no que se refere ao seu relacionamento amoroso consciente, no qual Eros é seu consorte. Não é mais possível continuar no seu estado de inconsciência. Ela tem de ver o aspecto real do parceiro e, apesar da ambivalência, a oposição entre a Psiquê que odeia o monstro e ama o marido se projeta para o exterior e ela é obrigada a entrar em ação.

Armada com punhal e candeeiro, Psiquê se aproxima do amante desconhecido e, na luz, reconhece Eros. Primeiro, tenta matar-se com o punhal que estava pronto para ser usado contra o "monstro", mas fracassa no seu intento. A segunda coisa que faz, enquanto se extasia com a beleza do marido, é ferir-se numa das flechas, o que desperta sua lascívia, o que a faz inclinar-se para beijá-lo, e uma gota de óleo fervente cai do candeeiro e queima e fere Eros, que acorda. E depois que vê que Psiquê o desobedeceu, abandona-a e some.

O que acontece com Psiquê, a qual, impulsionada pelas forças matriarcais do ódio aos homens, se aproxima do tálamo armada com punhal e candeeiro a fim de destruir o suposto monstro, ao descobrir Eros? Se reconstruirmos a grandeza mítica desta cena, que foi diminuída e quase desfigurada pela delicada obra de filigrana de Apuleio, vemos um drama de grande profundidade e poder diante de nós, uma transformação psíquica cujo significado é ímpar. Trata-se do despertar de Psiquê como Psiquê, o momento decisivo do destino na vida do feminino, em que pela primeira vez — emerge do seu inconsciente a mulher — e da clausura da sua cadeia matriarcal, e, num encontro individual com o masculino —, ela ama, isto é, reconhece Eros. Esse amor de Psiquê é muito especial, e somente quando compreendermos o que é novo nessa situação amorosa é que poderemos entender o que isso significa para o desenvolvimento do feminino representado por Psiquê.

A Psiquê que se aproxima do leito não é mais um ser lânguido e envolvente, seduzido pelos sentidos, que vive no paraíso misterioso da sexualidade e do prazer, porém, conscientizada pelas insinuações das irmãs, ciente do perigo iminente, quando chega perto do leito para matar o monstro, a fera masculina que a raptara do mundo superior em núpcias de morte, arrastando-a para as trevas, Psiquê adota com toda crueldade e hostilidade a liderança do matriarcado. Porém, à luz tênue e nova que ilumina a escuridão inconsciente da sua antiga existência, ela vê Eros. Ela ama e, conscientizada, sofre uma transformação, descobrindo que a dicotomia entre monstro e marido não vale mais. Atingida pelo raio do amor, ela volta o punhal contra o próprio coração — ou, em outras palavras, fere-se com a flecha de Eros. Assim, ela abandona o aspecto inconsciente infantil da sua realidade, renunciando simultaneamente ao aspecto matriarcal de ódio aos homens. Somente na existência sem luz e obtusa é que Psiquê pode entender, de forma errônea, que o amante é um monstro e um dragão devorador, e somente como um inconsciente infantil e ignorante, ou seja, em essência, misterioso, é que ela pode imaginar que ama um "esposo divino", separado do dragão inferior. À luz do novo amor, Psiquê reconhece Eros como um deus que reúne em si mesmo o inferior e o superior, e que é o traço de união entre os dois níveis.

Quando Psiquê se feriu na flecha de Eros e sangrou, se diz: "assim, despercebidamente, através de um ato voluntário, Psiquê se apaixona pelo Amor". Enquanto que no início das núpcias de morte está a morte, o rapto e a posse, o que Psiquê experimenta agora corresponde, de certa forma, a uma segunda defloração, uma defloração propriamente dita, ativa e voluntária, que se passa no seu íntimo. Ela não é mais uma vítima, mas uma mulher que ama Eros, que a seduziu, que se apoderou dela a partir do interior e não mais como o homem exterior. Pois, como homem, Eros está dormindo e desconhece o que se passa com Psiquê, o que ela faz e o que acontece com ela. E neste ponto a narrativa passa a revelar uma genialidade psicológica sem igual no gênero.

O amor — ou melhor, o ato de amor de Psiquê, a entrega voluntária a Eros — é ao mesmo tempo um sacrifício e uma perda. Ela não renuncia, contudo, ao aspecto matriarcal de ódio aos homens, característica da sua feminilidade; o que é paradoxal nessa situação é que no seu ato de amor, e através dele, ela o eleva à sua autêntica essência e o exalta, ao mesmo tempo que o eleva ao seu nível amazônico.

A Psiquê consciente, que vê Eros em plena luz e quebra o tabu da sua invisibilidade, deixa de ser a moça ingênua e infantil na sua atitude contra o masculino. Ela não é mais a cativante nem a cativada: sua feminilidade se transformou a tal ponto que ela perde o marido; aliás ela tem de perdê-lo. Conhecer, sofrer e sacrificar-se são idênticos nessa situação amorosa em que a feminilidade tornou-se consciente através do encontro. Com o amor de Psiquê que explode quando vê Eros, surgiu dentro dela um Eros que não é mais aquele que dorme ao lado dela, ou seja, no seu exterior. Esse seu Eros interior, imagem do seu amor, é de fato uma forma superior e invisível do Eros que dorme ao lado dela. Essa forma adulta de Eros pertence a uma Psiquê que se tornou consciente, que cresceu e não é mais infantil. Mas esse Eros invisível, superior, interior de Psiquê tem de entrar necessariamente em conflito com sua imagem pequena e visível encarnada, que mostra sua forma diante do candeeiro e que é queimada pela gota de óleo fervente.

Enquanto o Eros ainda oculto no escuro pode ser uma encarnação de uma imagem qualquer de Eros, este Eros visível é o Eros divino, filho de Afrodite.*

Mas, não devemos nos esquecer de que esse Eros não deseja também essa Psiquê! Ele a advertiu, ele a fez jurar constantemente que ficaria nas trevas do Paraíso; e ele a ameaçou dizendo-lhe que, através da sua atitude, ela o perderia definitivamente. A tendência inconsciente de tornar-se consciente — aqui se trata da consciência do relacionamento — era mais forte em Psiquê do que tudo o mais, mais forte até do que seu amor por Eros — desta forma ao menos, isso seria descrito por um Eros masculino. Mas que injustiça, pois Psiquê em estado paradisíaco pertencia na verdade a Eros; ela caíra nas suas mãos no escuro, mas nunca o amara! Algo nela, que negativamente é definido como agressão matriarcal e positivamente como tendência para a conscientização e conhecimento da sua natureza feminina, fazia força para sair do escuro de forma indefectível. Somente com o conhecimento, à luz do conhecimento de Eros, ela ama.

---

* A tarefa urgente de Psiquê é justamente a de unificar a estrutura dual de Eros, que também se manifesta na figura antitética de Eros e Ânteros, é a transformação do Eros inferior em Eros superior. O que existe de interessante no fato é que o papiro egípcio mágico conhece o duplo Eros, o de Afrodite e o de Psiquê. "τῆς Ἀφροδίτης καὶ τῆς Ψυχῆς Ἔρωτα".[5]

Nesse exato momento, a perda do amante é uma das mais profundas verdades dentre as verdades deste mito. Trata-se do momento trágico em que toda alma feminina assume o próprio destino. Eros foi ferido por Psiquê: a gota de óleo que o queimou, acordou-o e fê-lo ir-se embora, constitui uma fonte enorme de sofrimento. Para ele, o deus masculino, a amante era suficientemente feminina, enquanto no escuro, e ele a possuía durante a noite com exclusividade, afastada do mundo e vivendo apenas para ele, sem participar ou interferir na sua existência divina cotidiana, nem na sua realidade. Psiquê era a companheira de suas noites e sua condição de "escravidão" se agravava devido à insistência de Eros em manter-se no anonimato divino. A cada dia que passava, ela era mais "devorada" por ele. Essa moça infantil "com sua inata ingenuidade e delicadeza de espírito" — que, na verdade, os homens costumam entender mal — se aproxima com punhal e candeeiro do adormecido a fim de matá-lo, disposta mesmo a perdê-lo, pois a mulher precisa ferir o masculino Eros, fazendo-o sofrer.

Psiquê emerge da escuridão e assume seu destino como mulher apaixonada, pois ela é Psiquê, ou seja, sua essência é psíquica e por isso uma existência nas trevas não lhe será suficiente.* Mas somente quando Psiquê deixa de percebê-lo ape-

---

* Aqui se repete, em outro plano, a ação matriarcal das Amazonas que sacrificavam sua feminilidade mutilando o busto, não para combater como um homem em sua luta masculina pela independência, mas para

nas na escuridão que lhe fora imposta e o vê — ela o encontra de fato e, exatamente nesse momento da perda e do distanciamento —, ela o ama e reconhece conscientemente Eros. Em plano mais elevado e com plena responsabilidade humana, ela tem consciência do sacrifício matriarcal do amante. Na medida em que se livra da escuridão imposta pela ordem deste e de certa forma o transcende, ao levar na mão o punhal e o candeeiro em vez de a tocha de Hécate e das outras deusas matriarcais, ela rouba de Eros o seu poder divino sobre ela. Agora Psiquê e Eros se enfrentarão como iguais. Mas só que enfrentar-se implica separar-se do outro. Resguarda-se a origem da união urobórica no escuro, contudo vem ao mundo a culpa, o sofrimento e a solidão com o ato heroico de Psiquê. Com seu ato heroico, ela expulsa Eros e a si mesma do paraíso e da inconsciência urobórica original.

Contudo, somente a aparência do ato de Psiquê é viril, isto é, comparável ao dos heróis.

O importante é que ele corresponde ao consciente que terá de desenvolver-se necessariamente; contudo, a ação de Psiquê não é mortal, pois exatamente ao praticá-la — o amor de Psiquê desperta. E enquanto o lado masculino dessa ação

---

fortalecer a Grande Deusa do matriarcado. (Ártemis do Éfeso veste um manto cheio de seios, de símbolos, quando não se trata dos próprios seios, dos seios a ela sacrificados pelas Amazonas.)[6]

heroica assassina continua rumo à conquista do mundo e o *Hieros gamos* com a *anima* conquistada representam apenas parte da vitória,[7] o posterior desenvolvimento de Psiquê nada mais é do que a tentativa de superar a separação e formar uma nova união com ele. Em outro plano, ou seja, amando conscientemente, sua tarefa é formar essa união, visto que a necessidade de uma junção a havia impelido rumo ao sacrifício. Assim, a iniciativa de Psiquê é o começo de um desenvolvimento que envolve não só a ela, mas também ao seu amante Eros.

Desde o início, como ele mesmo conta, Eros se feriu com a própria flecha, ou seja, ele ama Psiquê desde o início, enquanto que esta só começa a amá-lo depois de seu ato heroico. Mas o que Eros denominava "seu amor" e o modo como queria amá-la choca-se com Psiquê e com a sua ação libertadora, que acabou por expulsar a Eros e a si mesma do paraíso da inconsciência urobórica. Só depois da ação da esposa, Eros sofre as consequências de sua própria flecha, que ele mesmo disparou contra si.[*]

Em relação com este contexto está a simbólica da gota de óleo fervente que queimou Eros ao cair do candeeiro, sobre o qual se diz: "Ó candeeiro temerário e insolente, péssimo

---

[*] Não precisamos nos preocupar com o desenvolvimento mítico da figura de Eros, que originalmente era menos, e mais, do que um deus autêntico, nem com sua sequência histórica.

serviçal do amor; queimaste o próprio senhor do fogo." O instrumento que provoca dor não é uma arma cortante — como a flecha —, mas a substância que alimenta o candeeiro, e é o princípio da luz e da sabedoria. O óleo como essência do reino vegetal, essência tirada da terra, usada para ungir o rei que é o senhor da terra, é um símbolo muito difundido em diversas culturas. Aqui, no entanto, o que importa é que ele é a base da luz. E, para sê-lo, é preciso que inflame e queime. O desenvolvimento do calor, do fogo da paixão, o arder, o queimar e o consumir-se de paixão também é a base da iluminação, ou seja, uma consciência iluminada que surge da purificação dos materiais básicos que foram queimados, e que os transcende.

Enquanto Psiquê com seu ato toma consciência de Eros e do amor que sente por ele, este está apenas ferido pelo ato de amor e de separação de Psiquê, mas de nenhuma forma iluminado. Completou-se apenas uma parte do processo: a substância básica foi inflamada e ele arde por causa dela. Contudo, começa uma transformação e ela é involuntária e Eros a experimenta passivamente. Ele é apanhado pela dor do afeto e, através da ação de Psiquê, de uma espécie de embriaguez da união feliz passa para o sofrimento de um relacionamento doloroso.

Quando deuses amam mulheres mortais, sentem apenas prazer e desejo. O sofrimento é deixado apenas para a parte mortal, para o homem ou a mulher mortais, que na maioria das vezes acabam aniquilando-se nesse encontro, enquanto que o parceiro divino passa sorrindo para outras aventuras, envolvendo o destino de outros mortais. Aqui, no entanto, o caso é outro, pois Psiquê, esse símbolo mítico, entra em ação, apesar de toda a individualidade da alma humana feminina.

Eros, como dissemos no início, era um menino, um adolescente, o filho-amante de sua grande mãe Afrodite. Ele desobedeceu as ordens de sua mãe, amando Psiquê em vez de torná-la infeliz — mas, ao transgredir tais ordens, de certa forma ele não a tornou infeliz ao obrigá-la a se casar com um monstro, um "ser imortal"? Seja como for o caso, isso para ele não representou uma libertação em relação a Afrodite, mas uma traição às ocultas, pois, segundo a vontade de Eros, tudo se passaria no escuro, em segredo, escondido da grande mãe, a deusa. Seu romance com Psiquê foi planejado como uma das costumeiras "fugas" dos deuses gregos, às ocultas da opinião pública, representada tipicamente pelas divindades femininas.

Mas essa situação, com todos os prazeres que proporciona a Eros, é perturbada por Psiquê. Ela rompeu a "participação mística" com seu parceiro e lançou a ambos no destino da separação, que é a consciência. O amor como expressão da totalidade do feminino não acontece nas trevas, como um processo simplesmente inconsciente; um encontro legítimo com o outro envolve a consciência, a despeito da separação e do sofrimento.

Ela dirige sua ação com toda a dor para a individuação, na qual a personalidade se experimenta na relação de um parceiro com o outro, ou seja, não somente a personalidade unida a um parceiro. Psiquê se fere e fere Eros e, através do ferimento de ambos, desfaz-se o vínculo original e inconsciente que os atava. Mas cria-se, contudo, a possibilidade de um novo encontro, cujo sentido principal é o amor entre os dois indivíduos. Repete-se no individual o que foi apresentado como origem mítica do amor no *Banquete* de Platão: a separação do que estava unido e o amor como saudade de "re-unir" o que havia sido dividido.

Bachofen diz o seguinte:[8] "A força que torna a unir o dividido é a do deus que nasceu do ovo, que a doutrina órfica menciona como Métis, Fanes, Ericopeu, Protógonos, Hércules, Tronos, Eros, as lésbicas Enorides, o Osíris egípcio..." Enquanto que em Bachofen o feminino sempre representa o ovo e o conteúdo, o masculino é o que nasce, ao passo que a unidade primordial é o elemento de separação. Aqui, acontece o contrário. Eros, o Eros de Afrodite, mantém Psiquê presa no interior escuro do ovo, e esta partilha com o punhal e o candeeiro esse ser perfeito do início, para então restabelecer a unidade original com suas ações e sofrimentos, mas no âmbito celestial e de forma renovada.

Com a ação de Psiquê termina a idade mítica do universo, em que a relação entre os sexos dependia somente da força superior dos deuses que mantinham os homens sob seu jugo. Mas Psiquê assume conscientemente por si mesma a decisão definitiva e inicia-se então a idade do amor humano.

Com isso, iniciamos a discussão do fenômeno que está no âmago desse mito, exatamente o grave conflito entre Psiquê, como a "nova Afrodite", e Afrodite, a Grande Mãe. A rivalidade começou quando os homens, encantados com a beleza de Psiquê, abandonam o culto dos templos de Afrodite. A contemplação pura da beleza contraria inteiramente o princípio representado por Afrodite, que também é belíssima e representa a beleza, mas que a usa como um mero meio para atingir um fim. Ao que parece, este fim é o desejo e a embriaguez extática do sexo; na realidade, esse fim é a fertilidade. Afrodite também é uma Grande Mãe, "o início primordial dos elementos", cuja ocultação raivosa, como é o caso da Íshtar babilônica e da grega Deméter, deixou morrer a fertilidade do universo. "Depois que a deusa Íshtar desceu ao inferno, o touro não se acasalou mais com a vaca, o cavalo não o fez com a égua, o homem não se curvou mais sobre a mulher nas vielas: o homem dormia em seus aposentos e a mulher dormia sozinha."[9]

Quando Kerényi diz:[10] "Afrodite não é uma Grande Deusa da Fertilidade, tal como Deméter ou Hera", ele recusa o termo "Deusa da Fertilidade" usando-o primeiro de forma negativa. Mas, no entanto, todas as três deusas são aspectos da Grande Mãe, "por serem primordialmente origem dos elementos". Sua força matriarcal consiste em serem geratrizes da vida e da fertilidade das coisas vivas: pois é desse fato, e desse fato somente, que provém sua dignidade original, pois o rei só tem o poder graças à força da rainha cujo relacionamento com ele lhe dá o poder de reinar. Portanto, embora Afrodite represente o eterno ciclo da criação, ela também é *um* aspecto do arquétipo da Grande Mãe. A beleza, a sedução e o prazer por ela outorgados são os meios para um "esporte celestial" no âmbito dos sentidos, assim como o colorido da flor, que apesar de tudo serve para a multiplicação das espécies. Que o relacionamento de Afrodite e Eros representa a beleza e o encanto das relações humanas se pode depreender das palavras da gaivota que disse a Afrodite que o mundo se corrompera "porque Eros fazia bacanais na montanha, enquanto Vênus havia se retirado para nadar no mar e que, por essa razão, não havia mais vergonha, mas tudo se tornara reles e vulgar; não havia mais casamento, nem vínculos de amizade; o amor pelas crianças cessara de existir; restara apenas uma grande imoralidade e uma grande quantidade de uniões ilícitas, dessas que dão asco".

No entanto, as palavras de Deméter e Hera, quando Afrodite está com raiva do amor de Eros, são bem mais claras: "Quem entre os deuses e os mortais te permitirá semear paixões entre os homens, se proíbes teus próprios familiares de usufruírem os encantos do amor e os excluis de todas as alegrias proporcionadas pela entrega da mulher, um prazer que todos podem ter?" Semear paixões e ditar as leis sobre a "entrega" da mulher são atributos afrodíticos da Grande Mãe e que a Deusa do amor, a "velha" Afrodite, ainda representa com grande classe. Esse aspecto torna-se evidente no conflito da deusa com Psiquê.

A raiva de Afrodite é despertada quando Psiquê, no âmbito humano, contrariando todos os preceitos do amor, é adorada em pura contemplação — a "nova" Afrodite interfere no reino dos imortais ao agir assim, arrastando o nome da velha Afrodite na "imundície terrena". Helena ainda é sua leal servidora e serviçal, pois ela desperta os desejos e impele à luta, o movimento heroico destinado aos homens pelo destino, aspecto que Afrodite ama em Marte. Pois o poder fálico de Marte está ligado à união orgiástica do sangue e, desde então, é relativa ao sexo. Tanto Helena como Afrodite se completam novamente na insalubre mescla de prazer, de magia e de queda, que faz parte do fascínio da Grande Mãe, que também é a Mãe do Destino e da Morte. Mas o que representa Psiquê, esta "nova Afrodite", que é tão bela, mas não é desejada pelos homens, e que embora seja uma mulher humana, é adorada contemplativamente como se fosse uma deusa? Contudo, ela é desejada pelo divino Eros!

Psiquê interfere na esfera dos imortais e cria um novo mundo. Com sua *práxis,* o feminino, como força psíquica, entra em litígio contra a Grande Mãe e com seu aspecto de fertilidade, ao qual o feminino, em sua existência matriarcal, estivera subordinado. Mas Psiquê não se rebela apenas contra a Grande Mãe, Afrodite, mas também contra o amante masculino, contra Eros. Como é delicada a situação de Psiquê nesse confronto de forças com os deuses! Como sua situação parece perdida, na medida em que o princípio feminino humano ousa revoltar-se contra um princípio vital arquetípico divino!

Com o sacrifício de si mesma, ela abandona tudo e assume a solidão de um amor, pelo qual renuncia, consciente e inconscientemente, à atração da sua beleza, a que leva ao sexo e à fertilidade. No momento, entretanto, em que vê seu amante Eros na luz, Psiquê coloca lado a lado o princípio do amor, do encontro e da individuação com o princípio da atração que fascina e com o princípio da fertilidade das espécies.

Nesse contexto, também podemos entender o conto da mitologia "antiga", segundo o qual Afrodite nasceu da união fertilizante do céu com o mar, e a "nova" Afrodite, Psiquê, da união celeste com a terra. Enquanto o mar abriga em si todo o anonimato, que é característico do inconsciente coletivo, a terra representa simbolicamente a forma "terrena" mais elevada. Ou seja, em Afrodite atua a união de forças anônimas do "em cima" e do "embaixo", o que faz com que represente a geral e anônima força conjunta do masculino e do feminino. Com Psiquê, surgiu na terra a concretização do mesmo princípio afrodítico, num âmbito mais elevado, terreno-humano.

Terreno-humano significa, porém, o sentido do princípio da individualidade e, em última análise, da individuação. Acima do preceito do amor material de Afrodite, deusa da atração mútua entre os opostos, ergue-se o princípio do amor de Psiquê, que associa conhecimento, crescimento de consciência e desenvolvimento psíquico a essa atração, ou seja, com Psiquê surge um novo princípio do amor, no qual o encontro do feminino com o masculino se processa com base na individuação. Segundo a opinião de Afrodite, a união do masculino com o feminino como fato natural não é basicamente diferente no homem e nos animais, desde as cobras e lobos até os pombos. Psiquê, amante de Eros, transcende esse estágio, contudo, e transforma-o numa psicologia do encontro, na qual se encerra o amor pelo amor, o sofrimento e a separação, alcançando uma concretização de vida.

Pela primeira vez, o amor individual de Psiquê se revolta contra o preceito mitológico coletivo do êxtase sensual e do princípio do prazer, personificado por Afrodite. Por mais paradoxal que isso possa parecer, a infeliz Psiquê precisa primeiro conquistar o amante, ou melhor, precisa desenvolvê-lo. Do filho-amante de Afrodite, ela precisa transformá-lo num amante humano, e Eros primeiro tem de ser resgatado de uma esfera transpessoal da Grande Mãe, para voltar à esfera pessoal da humana Psiquê. Isso significa que é preciso descobrir se Psiquê é mais forte do que Afrodite, e se ela tem êxito em conquistar Eros para si.

Nessa situação, Afrodite regride à condição de Mãe Terrível, à situação da madrasta dos contos de fada, à condição de bruxa. Irritada, ela acusa Eros de tê-la traído, desobedecendo suas ordens de mãe, ou melhor de "sua senhora", pisando-a aos pés, unindo-se com Psiquê, em vez de martirizar "a sua rival com um relacionamento amoroso vil". Ela se disfarça de "Mãe Terrível", como seria descrita em qualquer livro de psicologia de forma grotesca, e puxa todos os registros de mães enraivecidas, que temem perder o filho, com quem mantêm uma relação incestuosa, para uma nora inimiga. O auge de seu rancor consiste no fato de ela acusá-lo de "matricida"; convém lembrarmo-nos de que, no início, ela pede ao filho, "pelos vínculos do amor materno", e o aperta em seus braços com beijos ávidos. Naturalmente, ela se refere ao fato de o filho ter de agradecer a ela, e somente a ela, tudo o que tem, e jura arrumar um outro filho, e — como soa revelador ao psicólogo essa nuance, quando ela logo depois, ardendo de ciúmes e de vaidade ferida grita: "Afortunada sou de fato, se na flor dos meus anos tiver de ser chamada de avó, e o filho dessa criada vier a ser chamado de o neto de Afrodite."

Mas por que, temos o direito de perguntar, Afrodite regride à condição da Mãe Terrível e não de Grande Mãe, por que surgem à tona todos os traços personalistas de um romance familiar, em vez de, como poderíamos esperar, os traços mitológicos da Grande Mãe?

No mito, do começo ao fim, domina o princípio da personalização secundária,[11] em que, com o desenvolvimento da consciência, fenômenos transpessoais e arquetípicos assumem uma forma pessoal e tomam lugar na construção de uma história individual, de uma situação humana de vida. A Psiquê humana é um ego ativo que ousa opor-se com sucesso às forças transpessoais. A consequência desse poderoso posicionamento da personalidade humana, neste caso, da personalidade feminina, é enfraquecer o que antes era algo todo-poderoso. Se o mitologema da nova Afrodite humana termina com a sua deificação, paralelamente, a divina Afrodite se humaniza juntamente com Eros, que através do sofrimento encontra o caminho para a união com a Psiquê humana.

Quando Afrodite compreende que seu filho masculino, que até então fora seu escravo e amante, se excede, tornando-se independente como amante, aparece o conflito na esfera do feminino e tem início uma nova fase do desenvolvimento de

Eros. O feminino humano, representado por Psiquê, se opõe à Grande Mãe, que até então, junto com seu filho, havia traçado os destinos dos relacionamentos amorosos humanos. Quando Psiquê estabelece a liberdade da consciência amorosa feminina na independência do encontro, ela condena o amor às escuras, que havia dominado no êxtase, no prazer, no anonimato e na fertilidade das coisas vivas. Junto com Afrodite, ela condena também um Eros que teme o domínio da mãe e que no máximo a trai em segredo, mas que não ousa apresentar-se ao lado da sua amante como um homem independente. Sem querer e sem saber, Psiquê, ao fazer isso, inicia uma heroica luta do feminino, e começa uma nova era do amor humano.

Cheia de rancor, Afrodite se volta para Deméter e Hera, que nem se colocam a seu lado, nem se dispõem a ajudar Psiquê quando esta lhes pede ajuda. Ficam neutras na luta, que já terminou no domínio da feminilidade a que pertencem. Primordialmente, pertencem a Afrodite, e que o trio se volte contra Psiquê seria bem válido; no entanto Hera e Deméter temem Eros, fato que as detêm.

Ao deixar de fugir de Afrodite, fuga que na realidade é uma busca de Eros, e ao render-se à deusa, Psiquê está preparada para enfrentar a "morte certa".

No centro do plano para destruir Psiquê, estão as quatro tarefas que Afrodite impõe à amante do filho.

À medida que Psiquê soluciona essas quatro extraordinárias tarefas e, à serviço de Afrodite, cumpre os "mais árduos trabalhos", ela se torna um Hércules feminino; a sogra representa para ela o mesmo papel que a madrasta assumira para Hércules. Nos dois casos, quem determina o destino é a Mãe Terrível; contudo em ambos os casos esse destino conduz ao caminho dos heróis e a atos "famosos". Para nós, entretanto, é essencial ver como o caminho do feminino se diferencia do caminho masculino.

Os trabalhos que Afrodite impõe a Psiquê parecem, à primeira vista, não ter sentido nem ordem. Mas uma interpretação baseada no simbolismo do inconsciente mostra que o contrário é o verdadeiro.* A primeira tarefa consistia em separar de um gigantesco monte de cereais, as sementes e grãos de trigo, cevada, milho, grão-de-bico, papoula, lentilha e favas, tudo por espécies e durante uma única noite. Conhecemos esse

---

* Nossa interpretação das ações de Psiquê é o resultado de um trabalho coletivo. Ela aconteceu durante um seminário em Tel-Aviv, no qual foi apresentado o livro "Psicologia do Feminino" do autor, do qual faz parte um capítulo sobre Psiquê. Essa interpretação recebeu então valiosas colaborações, além de uma interpretação dada pelos participantes de um curso sobre o mito de Psiquê no Instituto C. G. Jung, em Zurique.

Eu gostaria de agradecer neste ponto aos participantes graças a cuja colaboração a interpretação deste capítulo se tornou possível; também desejo agradecer ao sr. e sra. Jung, com os quais pude contar para algumas anotações no meu manuscrito.

tipo de tarefa do conto de fadas da Cinderela e de outros.[12] O cínico comentário de Afrodite para a grávida Psiquê: "parece que não terás outra maneira de conquistar teu amante, sua criada imprestável, a não ser através do trabalho árduo, e por esse meio também ponho em risco o fruto do teu ventre", é digno de uma mulher de feira e — do ponto de vista humano — a expressão de uma rudeza e de uma sordidez dificilmente superáveis.

Mencionamos isso, não a fim de nos pormos do lado moralista da questão, mas porque pudemos sentir nessas características enfatizadas pelo mito a profundidade do conflito subjacente. Não se trata da caracterização de uma feminilidade estimulada por uma mera aversão, mas pelo ódio de uma deusa ameaçada na sua essência, e é isso o que nos interessa.

Afrodite por certo julga que a primeira tarefa imposta a Psiquê é impossível de realizar, visto que consiste em separar e organizar uma mistura de várias sementes e grãos. Esse monte é, antes de tudo, o símbolo de "uma mistura urobórica do masculino", ou seja, a típica promiscuidade do estágio pantanoso de Bachofen.* Quem vem ajudar não são as aves da deusa, as pombas, que muito ajudaram Cinderela, mas as formigas, a raça mirmidônica, as "ágeis criaturinhas da terra, mãe de todos".

---

* O "hectarismo" de Bachofen é para ser compreendido como um nível e uma fase psíquica, exatamente como a fase urobórica do relacionamento da identidade, e não ser entendido como a apresentação de um acontecimento histórico ou social.

O que significa que Psiquê consegue organizar a promiscuidade masculina com a ajuda das formigas? Kerényi[13] mencionou o caráter humano dos povos-formiga, nascidos da terra, e sua conexão com a autoctonia, ou seja, com o caráter da vida que é oriunda da terra, e particularmente com o caráter do homem. Os animais que trazem ajuda são, como sempre, símbolos do mundo dos instintos e quando conhecemos o simbolismo onírico das formigas, que está relacionado com o sistema nervoso "vegetativo", torna-se mais compreensível o motivo de elas, como poder ctônico, como oriundas do solo, serem capazes de organizar as sementes masculinas da terra.

Psiquê opõe à promiscuidade de Afrodite um princípio ordenador instintivo. Enquanto Afrodite, como deusa do amor, se atém à fertilidade do estado pantanoso, que também é representado pelo seu filho sob a forma de um monstro-serpente-fálico, Psiquê possui em si um princípio inconsciente, que lhe permite selecionar, peneirar, correlacionar, avaliar e, portanto, encontrar seu próprio rumo no meio dessa confusão do masculino. Contrariamente à oposição matriarcal da futura sogra Afrodite, para a qual o masculino é fundamentalmente anônimo, como demonstram, por exemplo, os ritos de Íshtar e vários dos mistérios, Psiquê, mesmo em seu primeiro trabalho, já está no nível da seletividade. Nessa escala escura tem a seu lado um instinto ordenador, que aclara com a "luz da natureza" a sua situação.

Nesse mesmo sentido, a tarefa da organização também pode ser formulada de modo mais generalizado. O monte desorganizado da mistura de sementes, frutos e grãos, que Psiquê recebe como tarefa de Afrodite para ser separado e organizado por espécies, é ao mesmo tempo o desorganizado-caótico e fecundo monte de talentos e possibilidades que estão disponíveis no feminino, tal como Afrodite vê a feminilidade. Somente depois da extraordinária ação de Psiquê é que são organizados e se tornam úteis. Já neste caso atua em Psiquê um princípio espiritual, inconsciente e terreno, que trabalha para ela e lhe prepara o material desorganizado.

Quer dizer que o desenvolvimento de Psiquê não transcorre em oposição ao inconsciente e aos instintos, às "forças da terra". Ele é de fato um desenvolvimento para a consciência, para a luz e para a individuação, mas em contraste com o correspondente desenvolvimento do masculino, nela o cordão umbilical fica preso ao fundamento inconsciente.[*]

A neutralidade do lado Hera-Deméter também pode ser compreendida desta forma. O conflito Psiquê-Afrodite se passa no âmbito do feminino. Não se trata do conflito entre um indivíduo masculino que se desprende do feminino-maternal,

---

[*] Um desenvolvimento semelhante ou correspondente temos caracterizado no conto de fadas e no mito. Os animais também ajudam os "tolos" e as crianças.

ou que se opõe frontalmente a ele, quer seja um homem ou uma mulher. Já enfatizamos que Psiquê se comporta de "modo feminino" e o conto ainda dá mais indicações sobre o fato, como pudemos constatar. Sua ingenuidade, bem como o tipo de cenas que ela faz a Eros, seus sussurros afrodisíacos, bem como seu desespero facilmente despertado, são totalmente femininos. Mais do que isso tudo, são femininas a extraordinariamente rígida e inflexível linha do seu amor e a elasticidade da sua vontade, em oposição à linha reta masculina no amor.

Não devemos esquecer com quem é o primeiro encontro de Psiquê depois que o marido a abandonou e depois que se lhe frustrou a primeira tentativa de suicídio, e que lhe demonstrou a impossibilidade da regressão. Como tantas vezes nesta narrativa, mostra-se um traço lateral aparentemente genérico e idílico, repleto do subjacente significado mitológico. "Pã estava ocasionalmente sentado numa ribanceira vizinha, perto do rio, com sua amada Syrinx* no colo e ensinando a montanha a ecoar." Ele logo reconheceu com o que "homens espertos denominariam de poder divinatório", a sua situação, e foi dele que Psiquê recebeu o motivo para continuar a viver e que determina a continuação dos acontecimentos. "Dirige-te a Eros, o mais poderoso dos deuses, com preces fervorosas e

---

* Aqui usamos para *canam deam*, em vez de "Eco", a palavra mais correta da tradução de Rode, "*Syrinx*", que segundo o mito foi transformada num instrumento musical, que Pã carrega no colo.

conquista-o com suave submissão, pois ele é um adolescente suave e meigo."

Pã, o deus da vida natural, "que é experiente graças à velhice e filósofo graças à experiência", está acostumado com a terra e com tudo o que é animal, visto que é "camponês e pastor de cabras", ama o que está vivo e ama a vida — caso contrário, como poderia aconselhar da forma como o fez — e ensinar Psiquê? Seu ensinamento foi: Eros é o maior de todos os deuses, e tu, Psiquê, sê feminina e conquista-o para ti. Não é por acaso que Pã tem a *Syrinx* no colo, a inalcançável amada que se transforma para ele em música, e com a qual ele mantém eternos diálogos de amor. Ele é sábio, amoroso e natural e, sem dúvida, o mentor de Psiquê. Sua figura fica, por certo, num plano inteiramente secundário e, contudo, é ele que determina "do velho modo" o desenvolvimento de Psiquê.

Os trabalhos que Psiquê recebe de Afrodite parecem, primeiramente, meros perigos mortais, planejados pela hostil e raivosa deusa a fim de destruí-la. Com o conselho de Pã para Psiquê conquistar Eros para si, surge o sentido para o que parecia absurdo. Somente depois da sentença do velho sábio é que as tarefas de Afrodite passam a ser ações de Psiquê. Somente pelo fato de Pã abrir os olhos de Psiquê para o sentido que está oculto nas aparentemente desordenadas tarefas de Afrodite, tudo passa a ter um sentido novo e definitivo para o encontro com Eros, porque até mesmo a passagem de um trabalho para outro leva rumo ao caminho do amor.

O segundo trabalho, mais extraordinário ainda, consistia em trazer para Afrodite flocos de lã de ouro que cobriam o dorso de carneiros ferozes que andavam vagando por um bosque, à beira de um rio espumante. Aqui quem ajuda a solucionar o problema para Psiquê é um caniço verde, que lhe murmura as instruções.

O que é a tarefa que Afrodite pede que Psiquê cumpra, como Psiquê consegue resolvê-la e qual o papel desempenhado pelo "estranho e humano caniço"?

As ovelhas, ou melhor, os carneiros, cuja lã Psiquê deve trazer, são descritos pelo junco como detentores de poderes mágicos e destruidores. Semelhante conselho confirma a relação dos animais com o sol, como se atesta no Egito ou no mito do Velocino de Ouro, e em outros símbolos referentes ao carneiro. Muitos conhecem o fato de o Carneiro ser considerado como signo solar.[14]

Psiquê é avisada para não andar pelo meio dos "terríveis" carneiros até que o sol se tenha posto, pois enquanto "aquecidos pelo calor do sol, são possuídos de uma raiva feroz, tanto que com seus chifres pontiagudos e sua fronte rija como pedra, e, por vezes, com mordidas venenosas, atacam com fúria os mortais".

Os carneiros, símbolos do poder tirânico masculino, correspondem ao princípio masculino negativo da morte, como era visto pelo matriarcado. Psiquê, feminina, é destinada a ser a vítima desse destrutivo princípio masculino, esse sol abrasador, cujos raios são representados pelos flocos de lã dos carneiros dourados, com a zombeteira e cínica tarefa: roube e castre o masculino, tirando-lhe a virilidade. Aqui, como tantas vezes aparece nos contos de fada, por trás da tarefa oculta-se o cabelo, ou um cacho, etc. Essa "castração" simbólica pode ser interpretada como símbolo da opressão e da "despotencialização",[15] como foi o gesto de Dalila ao cortar os cabelos de Sansão, o herói solar, ou o crime das Danaides.

Portanto, Psiquê parece estar destinada à morte pelo opressivo princípio masculino, se enfrentar os carneiros ao sol do meio-dia. Esses carneiros correspondem ao tirânico poder espiritual masculino, com o qual o feminino não pode se defrontar. A força arquetípica desse princípio espiritual mortífero é o "Uroboro patriarcal" em seu aspecto negativo, pelo qual o feminino precisa queimar como Sêmele na epifania de Zeus ou enlouquecer como as Miníades,[16] que se opuseram a Dioniso — em vão. Somente uma total abertura ao deus contra esse princípio espiritual, que volta seu lado criativo para o feminino, permite que este continue vivendo. Mas essa vida então é tomada pelo masculino, com todas as bênçãos e perigos que essa posse traz consigo.

Os carneiros, contudo, representam o aspecto negativo desse princípio, cuja agressão mortal é símbolo da introdução perturbadora de forças inconscientes em Psiquê. Pessoalmente, isso se evidencia nas tendências visíveis que Psiquê tem para o suicídio. Psiquê acha que não pode enfrentar a contínua luta contra o mundo arquetípico — a natureza dos deuses. Suportar tudo isso é demais! Somente depois que se autointegra e se torna autoconfiante é que a Psiquê humana consegue resistir a essa tendência. Portanto, ao que tudo indica, também este trabalho imposto a Psiquê tende a fracassar.

Todavia, ela é salva pelo junco, o cabelo da terra, que está associado com as águas profundas, o elemento oposto ao carneiro de fogo, e que tira dele sua força elástica e sua flexibilidade. Esse caniço murmura-lhe com sua experiência, semelhante à de Pã: sê paciente, aguarde o momento adequado. As coisas giram. Chega o tempo, vem o conselho. Nem sempre é dia alto e nem sempre o masculino é mortal. Não se deve usar de violência. Chega a hora em que o sol se põe, a hora em que o calor não é tão forte e destruidor. Chega o entardecer e a noite, e o sol volta para casa, pois Hélio "viaja para as entranhas da sagrada noite escura, para junto de sua mãe, da esposa e dos muitos filhos, e então o princípio masculino se aproxima do feminino".[17]

Pois, quando o sol se põe, surge a situação do amor, quando é natural e seguro pegar os flocos de lã dourada dos carneiros. Esses fios de cabelo dourado são física e psiquicamente os poderes masculinos da fertilização, e o feminino, como o positivo, é o grande sol no ventre da Grande Mãe, que recebe o sêmen solar no seio da natureza.[18] A isso corresponde a ação negativa de Dalila, que corta os cabelos de Sansão, que dorme cansado das lutas amorosas, a seu lado. Também ela é uma figura feminina noturna, por trás de cuja forma personalizada, bem como por trás da figura de Sansão se ocultam imagens míticas.*

O que Afrodite desejava obter com a morte do feminino foi evitado pela ação do junco, pois basta que o feminino consulte seus instintos para conseguir, "ao cair da noite", uma relação amorosa fecunda com o masculino, o que supera a situação em que o masculino e o feminino se defrontam como inimigos mortais.

A sabedoria do caniço mântico mostra-se superior a da aguda inteligência do princípio espiritual masculino mortal e ígneo. Essa sabedoria feminina pertence à "consciência matriarcal" que, na sua espera vegetativa e tipicamente noturna, tira do espírito masculino solar aquilo de que "precisa". À plenitude destruidora da força dos carneiros, ela não se expõe: se

---

* Como o feminino negativo, ela é a *anima* destruidora e, a partir disso, a divindade maternal mortal, Canaã, na luta com o princípio JHWH e com a consciência.

o feminino tentasse tirar à força, num contato direto, o que lhe faltava, ele teria de ser destruído. Mas à noite, quando o espírito solar masculino retorna às profundezas do feminino, então o feminino encontra — como que por acaso — o fio dourado, a semente fértil da luz.

Isso significa que também neste caso a solução da tarefa não consiste numa luta, mas no estabelecimento de um contato fecundo entre o feminino e o masculino. Psiquê é exatamente o oposto de Dalila. Ela não rouba a um homem desamparado e desmaiado a sua força, a fim de matá-lo, como a Mãe Terrível e sua forma próxima, a *anima* negativa. Mas ela também não furta, como Medeia, o Velocino de Ouro usando de ardis e à força, mas encontra o que precisa tirar do masculino numa situação pacífica, sem que o masculino tenha o mínimo sofrimento com a sua ação.

Portanto, segundo nossa interpretação, trata-se, nos dois primeiros trabalhos de Afrodite, da solução de um problema "erótico" e, fato estranho, Afrodite não apresentou esses trabalhos como "problemas eróticos", mas como uma separação de sementes e como a procura de um fio de lã dourado, atribuindo a solução destes à ajuda de Eros. Rindo amargamente, ela disse: "Sei muito bem quem foi o autor secreto desse feito!" Contudo, ela devia saber que Eros estava doente e que ela mesma o mantinha encarcerado. É como se entre Afrodite e Psiquê existisse um contato secreto, pois aquela compreendeu o caráter erótico, não apenas dos problemas que havia imposto, mas também das soluções apresentadas por Psiquê.

Em princípio, a terceira tarefa não parece encaixar-se nesse contexto. Para realizá-la, Psiquê tem de trazer para Afrodite uma jarra de cristal cheia da água da fonte que alimenta o Estige e o Cocito, ambos rios infernais. Essa parece ser uma tarefa completamente destituída de sentido. Não há como Psiquê solucioná-la, pois o cume do rochedo parece inalcançável para Psiquê, visto que de um lado a fonte brota nos píncaros de uma rocha encravada num penhasco muito íngreme e, do outro, a fonte é guardada por terríveis serpentes, sempre alertas. Além disso, há também o rumorejar de advertência das próprias águas que lhe gritam: "Tu morrerás: foge." Como deus *ex machina,* dessa vez vem em ajuda de Psiquê a Águia de Zeus, que roubara Ganimedes e o fizera com a ajuda de Eros; portanto, a Águia está retribuindo o favor.

Trazer água dessa fonte é uma variante da busca da água da vida, a substância preciosa tão difícil de obter. Não se diz, em nenhum lugar, quais as qualidades dessa água; na verdade, sequer se faz alusão a isso, nem que seja de fato um tipo especial de água. Com base nisso, podemos aceitar o fato de que o segredo aqui não está na qualidade da água, mas na dificuldade específica de obtê-la. A característica básica da fonte é que ela une o superior, o mais elevado, ao inferior, o mais profundo; ela é uma fonte circular urobórica que alimenta as entranhas do mundo ctônico e que torna a subir para jorrar da mais elevada rocha que representa o cume inacessível da montanha. Captar a água dessa fonte, o símbolo do fluxo da energia vital, um Oceano, ou um Nilo, em escala mítica reduzida, é uma tarefa que Afrodite impõe mas que ela mesma considera impossível de cumprir, porque, para ela, o fluxo da vida desafia a contenção, não pode ser contido. Trata-se do movimento eterno, da mudança perpétua; trata-se da concepção, do nascimento e da morte. Justamente o fato de não poder ser contido é que é a qualidade essencial desse fluxo. Psiquê, como um jarro feminino, é que tem de recebê-lo, tem de dar forma e repouso ao que é informe e eternamente fluido. Como urna -mandala, como recipiente da individuação, Psiquê terá de conter o fluxo energético da vida dando-lhe unidade e forma.

Nesse ponto torna-se claro que o fluxo da vida, no que diz respeito à Psiquê, tem um simbolismo específico, parecendo representar a energia incontida do inconsciente. Como o que enche a urna-mandala, esse fluxo é o poder gerador masculino, o poder fecundante arquetípico dos deuses-rios espalhados por todo o mundo. Em relação à amante de Eros, Psiquê, esse fluxo é o poder conquistador numinoso-masculino daquilo que penetra para fecundar, ou seja, o "uroboro paternal".

O que Psiquê recebe como uma tarefa insolúvel e o que consegue resolver é conter essa energia sem ser destruída por ela.

A fim de entender melhor essas correlações, precisamos verificar antes os símbolos isolados que aparecem no texto.

Qual o sentido de a Águia possibilitar o cumprimento do trabalho? Por que a Águia, símbolo espiritual que pertence a Zeus e ao âmbito do ar, e por que justamente a "Águia de Ganimedes", o amado de Zeus e que ergueu Ganimedes ao Olimpo? Aqui parecem encerrar-se muitos motivos, mas todos levam ao esclarecimento da situação de Psiquê em seu conflito com Afrodite.

Muito claro é o paralelo entre Ganimedes e Psiquê. Ambos são humanos amados por deuses e ambos foram arrebatados para o Olimpo como parceiros de seus amantes divinos. Aqui já se percebe a simpatia de Zeus por Psiquê, simpatia que decide o final dos acontecimentos. Zeus se coloca ao lado de seu filho, Eros, devido à solidariedade masculina, que sabe o que é estar apaixonado, mas ao mesmo tempo, em sinal de protesto contra a proibição e a resistência da grande deusa feminina, que uma vez procura diminuir a liberdade do esposo, como Hera, e outra vez, a do filho, como Afrodite.

Não é por acaso que a relação amorosa homossexual de Zeus e Ganimedes interfere positivamente no romance de Eros e Psiquê. Em outro ponto do livro, mostramos que os pares masculinos homoeróticos e homossexuais atuam como "conflitantes", lutando para se libertar do domínio da Grande Mãe. Também aqui trata-se, na verdade, da libertação de Eros, que tem de se libertar da condição de filho-amante para poder iniciar uma relação livre e independente com Psiquê.

É importante para o que aconteceu antes o fato de que o aspecto masculino espiritual, cujo símbolo central é a águia, venha socorrer a amante de Eros nesta terceira tarefa. A segunda tarefa, segundo nossa interpretação, consistiu em "amansar" o princípio masculino hostil na ligação erótica do que poderia ter sido destrutivo na forma de um uroboro paternal. Esta reconciliação de Psiquê com o masculino é representada pela sua comunicação com o mundo espiritual masculino da águia de Ganimedes. Enquanto que no primeiro trabalho colaboraram as forças instintivas da natureza, separando e ordenando, executando de certa forma um trabalho "inconsciente", no segundo trabalho ela conseguiu evitar a plenitude do ataque espiritual masculino e separar da abundância escaldante um floco de lã dourado, necessário para a sua fecundidade. No terceiro trabalho, ainda acontece mais. O princípio espiritual que dá ajuda, a águia do espírito masculino que espreita a pilhagem e a executa, possibilita que se contenha um pouco do fluxo da vida e se dê forma a ele. Segurando a jarra, a águia já configura a espiritualidade masculino-feminina de Psiquê que, num *único* ato, "recebe" como mulher, isto é, recebe como vaso e concebe, e ao mesmo tempo compreende e sabe como um homem. Também a força vibrante desse fluxo de vida, que é experimentada pela Psiquê feminina como masculinamente fertilizante, mas também como dominadora, pertence ao que foi formado antes, e que denominamos de "uroboro patriarcal". Enquanto sua ofuscante e brilhante claridade foi simbolizada pelos carneiros ao sol, ele se refere a esse fluxo que não pode ser contido e à energética dominadora do seu ser. O princípio masculino da águia possibilita que Psiquê contenha parte dessa energia, sem ser por ela destroçada.

Antes um cacho de cabelo pôde ser separado da abundância escaldante da luz, agora uma jarra cheia de água é retirada da abundância do fluxo. Ambos os trabalhos significam, em diversos planos, que Psiquê pode receber e assimilar o masculino e dar-lhe forma, sem o perigo de ser destruída pela força destrutiva do numinoso. O fato de Psiquê ter nascido na terra permite que ela possa receber uma parte apenas do que é infinitamente formado. Porém, é isso mesmo que lhe cabe por ser mulher, e que a torna humana. Justamente nessa capacidade da limitação formativa é que se baseia o princípio da individuação vivido por Psiquê. Se tivéssemos denominado a plenitude germinal do primeiro trabalho, a perturbadora claridade masculina do segundo, e o excessivo poder energético fecundante do terceiro, do "uroboro patriarcal", então, com essa denominação corriqueira, estaríamos nos referindo ao domínio do masculino. Mas, olhando mais atentamente, poderíamos dizer que essas três manifestações são ao mesmo tempo formas de manifestação de Eros como um monstro viperino, pois fertilização, esplendor brilhante e força motriz são os três estágios de sua atuação, três formas da sua realidade.

Nesse sentido, o "desaparecimento de Eros" recebe um novo e misterioso significado. O nível mais superficial da interpretação diz que Eros foi embora porque Psiquê desobedeceu às suas ordens; o nível mais profundo diz que é porque ele "retorna à mãe", pois é isso que simboliza o cipreste, árvore da Grande Mãe, no qual Eros pousa como um pássaro, e também porque volta à prisão, ao palácio de Afrodite.

Em nível ainda mais profundo, precisamos compreender que Eros desaparece porque Psiquê, com seu candeeiro, não pôde reconhecer nele o que ele era realmente, e isso o faz ir embora. Como se evidencia no decurso dos acontecimentos, Eros lhe revelou sua identidade aos poucos, durante o próprio desenvolvimento da amante. Sua manifestação depende dela; ele se transforma através de Psiquê e se transforma com ela. Com cada um dos seus trabalhos, Psiquê descobre — sem saber — uma nova categoria da realidade de Eros.

Os trabalhos realizados em sua intenção representam um crescimento retilíneo, tomando ela consciência de si mesma, mas também conhecimento do amante. Exatamente porque isso se dá por etapas, e porque ela consegue não ser arruinada pelo poder destrutivo do numinoso, que também é Eros, ela se torna mais segura de si a cada trabalho e mais adaptável ao poder divino e à figura divina de Eros.

A tarefa imposta a Psiquê por Afrodite, e que ironicamente devia servir para a sua individuação, é solucionada por Psiquê com a ajuda da Águia, o espírito masculino inconsciente. Essa é a parte mais surpreendente no desenvolvimento de Psiquê, que é um desenvolvimento *para* a consciência que também sempre se completa *com* a consciência. Contudo, nela é mais visível a intervenção de forças inconscientes do que no desenvolvimento da consciência masculina; a ação da própria Psiquê como um eu é menor do que a ação correspondente masculina no caminho dos heróis, isto é, de Hércules ou de Perseu. Por isso é que a atividade própria de sua totalidade inconsciente é mais impressionante, visto que ela se submete ao destino.

A característica das "tarefas de Psiquê" é a correlação existente entre os componentes eróticos associados primeiro com os elementos espirituais masculinos inconscientes e, segundo, na compreensão desses componentes com uma maior consciência.

Como nós interpretamos os acontecimentos *subjekstufig*, ou seja, em vários níveis, isso significa, por exemplo, que devemos entender os animais ajudantes como forças que existem *em* Psiquê, pois Psiquê é ativa, mesmo quando há forças que estão *nela* realizando as tarefas. Também quando não é a própria pessoa, mas forças interiores que se põem em movimento no processo criativo, dizemos que a obra e a criação pertencem por direito à pessoa em que atuavam essas forças.

Como caminho da individuação, o rumo de Psiquê é um caminho de formação das até então informes forças urobóricas. No início, dentro do campo encantado da serpente Eros, ela vivia em completa inconsciência, no estado pantanoso de Bachofen, no círculo urobórico que se passa nas trevas e que não é interrompido por nenhuma consciência, e que não é perturbado ou enganado por nenhuma claridade. Trata-se de uma "vida" em si, vida da existência dos instintos, na plenitude das trevas, o paraíso de prazer da serpente, no qual tudo termina outra vez no escuro da inconsciência. Com a ação de Psiquê, esse círculo finalmente foi rompido. Luz e consciência entraram em cena, mas ao mesmo tempo também entraram em cena correlações individuais e o amor, no lugar do prazer anônimo e dos abraços sombrios dos meros desejos instintivos.

Se reconhecermos o desenvolvimento de Psiquê como um fato arquetípico, então podemos constelar Psiquê-Eros como arquétipo do relacionamento homem-mulher. A fase da união de Psiquê e Eros no misterioso paraíso do inconsciente corresponde ao estado urobórico da situação inicial da vida psíquica. Trata-se da fase da identidade psíquica na qual tudo está unido, fundido e é indiferenciado,[20] como, por exemplo, conhecemos no estado da participação mística. Numa fase, o psíquico é misterioso, quer dizer, na mescla inconsciente é efeito inconsciente, abraço e fecundação. Justamente essa correlação total dos conteúdos no inconsciente coletivo corresponde da melhor forma à simbólica de uma Psiquê unida a Eros nas trevas.

Com a ação de Psiquê, como já vimos, acontece uma nova "situação psíquica". Amor e ódio, masculino e feminino, claro e escuro, consciente e inconsciente se opõem. A fase da separação dos pais originais e o surgimento do princípio dos opostos é alcançada. A luz da consciência, bem como sua força analítica e participante, irrompe na situação preexistente e transforma a identidade consciente na correlação polar dos opostos; essa oposição no inconsciente de Psiquê já estava constelada pela ação; na verdade, até mesmo resultara nessa ação.

Durante o entrelaçamento de Eros e Psiquê nas trevas, que representa a atração elementar embora inconsciente dos opostos, trata-se de um entrelaçamento vivificante impessoal que não tem nenhuma forma humana; a claridade leva Eros à visibilidade, tornando visível também o amor humano como a forma humana mais elevada do arquétipo da correlação, pois também é tornado visível o fenômeno psíquico. Somente depois que o desenvolvimento de Psiquê se completa, o que acontece depois da busca ao invisível Eros, chega-se à mais elevada manifestação do arquétipo da correlação, no qual o divino Eros se une a uma Psiquê divina.

O amor individual de Psiquê por Eros como um amor na luz não é tão somente um elemento essencial, mas *o* elemento essencial da individuação feminina. Sempre, e é nisso que se constitui o significado desse mito acerca do feminino, a individuação feminina, e também o desenvolvimento feminino espiritual se dá através do amor. Psiquê se desenvolve em Eros, no seu amor pelo amante, não apenas no amor por ele, mas também no amor por si mesma.

O elemento novo, que se apresenta com a independência do amor de Psiquê, e que Afrodite acha impossível existir no feminino é que este possui "um coração intrépido e uma prudência além da prudência característica da mulher". A deusa Afrodite não acreditava que uma mulher pudesse ter esses atributos masculinos.

Com justiça se diz de Psiquê, quando se fala sobre a sua ação com a luz: "Ela provou seu sexo com sua ousadia." Mas a característica especial do caminho de Psiquê consiste no fato de que ela não resolve diretamente as tarefas que lhe são impostas, mas alcança a sua solução com a ajuda do masculino, mas não como um ser masculino. Pois, embora seja forçada a construir o lado masculino da sua natureza, ela permanece fiel à sua feminilidade. Isso está bem patente no quarto trabalho que lhe é imposto por Afrodite.

Conquanto nos contos de fada e nos mitos as tarefas quase sempre sejam três, caracteristicamente no caso de Psiquê, essas três tarefas são completadas por uma quarta, e o quatro quer dizer o símbolo da totalidade. Enquanto as três primeiras missões foram cumpridas com o auxílio de "ajudantes", quer dizer, pelas forças interiores do seu inconsciente, essa última tarefa terá de ser realizada apenas por ela mesma. Até o terceiro trabalho, os ajudantes pertenceram aos reinos das plantas e dos animais; desta vez ela será ajudada por uma torre, como símbolo da cultura humana. Como vimos na nossa interpretação, nos três primeiros trabalhos Psiquê lutou com o princípio masculino; neste último, contudo, entrará em conflito direto com o princípio feminino central, com Afrodite-Perséfone.

Nada mais, nada menos do que uma viagem ao inferno é o que Afrodite lhe propõe. E, enquanto a preciosa água da vida tivera de ser recolhida no mais alto penhasco, agora o objeto a ser buscado se situa nas profundezas insondáveis; está nas mãos da própria Perséfone.

Até agora tivemos de interpretar as tarefas para, em seguida, entendermos os ajudantes; neste caso, temos de agir às avessas.

A torre é um símbolo muito versátil. Como recinto--mandala, ela é feminina: é cidade, fortaleza, montanha que possui como equivalente cultural a torre em degraus ou a tor-re-templo, a pirâmide. Não é por acaso que a coroa de pedras é a coroa da grande deusa feminina. Mas ela também é fálica, como falo da terra, como a árvore, a pedra e a muralha. Sem considerarmos essa significação bissexual, a torre é um edifício erigido por mãos humanas, uma representação do trabalho co-letivo e espiritual dos homens; assim sendo, é o símbolo da cultura e da consciência humanas, e por isso é chamada de "a torre que vê longe".

Essa torre mostra a Psiquê como ela pode, enquanto pes-soa, mulher e ser humano, derrotar a mortal aliança das deu-sas: três que governam a esfera divina superior, ou seja, Deméter, Afrodite e Hera, e a quarta, Perséfone, que rege a esfera divina inferior. Psiquê vai por esse "caminho estranho" pela primeira vez como ela mesma. Vai só, nenhum animal aju-dante pode auxiliá-la e esse caminho não pode ser trilhado por nada e por ninguém.

Sozinha e solitária, Psiquê avança por esse caminho he-roico do renascimento em defesa de seu amor, por amor a Eros, armada com as instruções da torre e com o desespero no cora-ção, disposta a "enfrentar a morte e o diabo" no intuito de rever o bem-amado. Tal como foi tarefa da águia levar algo humano para o céu, sua tarefa é trazer algo do inferno para o mundo superior.

Não é necessário descrever com detalhes o caminho que leva a Perséfone; o pagamento das moedas a Caronte e os bolos de mel e cevada para acalmar Cérbero não são específicos para a história de Psiquê, visto que são temas tradicionais. O mesmo acontece com o já descrito comportamento junto à Perséfone. A não aceitação das iguarias no submundo é um tema arquetípico da viagem ao Hades (encontramos, por exemplo, história correspondente na América). Não há nada de característico na viagem de Psiquê. No entanto, a proibição de ajudar o burriqueiro coxo, de ajudar o cadáver e as fiandeiras já é diferente.

Possivelmente, também pertençam à tradição, sendo temas gerais, mas mesmo assim aqui eles têm um significado típico para Psiquê. Trata-se da proibição da "piedade ilícita", sobre a qual ela havia sido instruída pela torre. Se, como ainda verificaremos, todos os atos de Psiquê, principalmente sua ida ao inferno, correspondem a um ritual de iniciação, então essa proibição implica insistência da "estabilidade do ego", característica de toda iniciação. Enquanto no âmbito masculino a estabilidade se manifesta como resistência à dor, à fome, à sede, entre outras coisas, na esfera feminina se evidencia na forma de resistência à piedade. Também neste caso se trata da firmeza de um ego forte, concentrado em seu objetivo, correspondente em inúmeros outros mitos à proibição de não se voltar, de não olhar para trás, de não responder. Essa firmeza do ego é uma virtude muito masculina; contudo, é mais do que isso, pois é a exigência necessária da consciência e da conscientização. O feminino, ao contrário, é ameaçado na estabilidade do ego pelo risco da distração, provocada por algum relacionamento, provocada por Eros. Essa é a incapacidade, ou melhor, a dificuldade que experimenta qualquer psiquismo feminino no caminho rumo à individuação, pois a mulher tem de abandonar a ansiedade pela meta que está próxima, em função de um objetivo que está longe e que é abstrato.

Portanto, é válido argumentar que esses perigos pertencem "às armadilhas de Afrodite". Se nos lembrarmos de que esta Grande Mãe também possui o aspecto que dá vida e que a mantém, no conflito entre Afrodite e Psiquê ela mostra apenas um dos seus lados, o negativo, assumindo com isso a natureza e as espécies, em contraposição às exigências do indivíduo,[21] e, nesse sentido, pode justamente ser proibida uma atitude compassiva da boa mãe individual.

O componente universal do relacionamento é tão basicamente uma parte da estrutura coletiva da psique feminina que é considerada, por Briffault, como o fundamento de toda comunidade e cultura humana, as quais ele julga pertencerem ao grupo feminino com seu vínculo entre mães e filhos.[22] Todavia, esse vínculo não é individual e, sim, coletivo; ele pertence à Grande Mãe no seu aspecto de preservadora da vida e de deusa da fertilidade, que não está interessada no individual e na individuação, mas se interessa pelo grupo que ela deseja que "seja fértil e se multiplique".

Por esse motivo, a proibição de manter-se distante da piedade ilícita traduz uma luta contra a natureza feminina, representada por Psiquê. Originalmente, "ajudar" sempre significa uma *participation mystique*, a qual pressupõe e cria uma identidade e, por isso, acarreta riscos. Por exemplo, pode fazer com que quem é ajudado se apodere daquele que ajudou. Como um dos vários exemplos, lembremo-nos da bruxa que nas "Mil e Uma Noites" é aliviada da sua carga pelo herói, e que *como agradecimento* monta em suas costas e não se deixa derrubar.

Ao mesmo inter-relacionamento pertence o fato de que os primitivos, tal como conta Levy-Bruhl,[23] também não agradecem aos seus salvadores ou ajudantes; por exemplo, também não são "gratos" ao médico, mas continuam em vez disso a exigir-lhe cada vez mais. Ele se torna de certa forma responsável pela pessoa cuja vida salvou, e continua a sê-lo como se se tratasse de sua própria vida. A ajuda, tal como o comer em conjunto, o sentar-se e aceitar presentes, estabelece uma comunhão. Por esse motivo é que Psiquê tem de recusar o convite de Perséfone, pois sua aceitação implicaria sua morte. Passaremos por cima dos outros detalhes[*] para nos dedicarmos ao problema em si dessa última tarefa que Psiquê recebe de Afrodite.

O fato de Psiquê ser mandada a Perséfone no inferno significa que ela tem de percorrer o caminho dos heróis, o qual, se ela tiver êxito, se assemelha à viagem marítima noturna do sol através das trevas do Hades. Os trabalhos impostos até aqui eram em parte — assim parecia — insolúveis, pois podiam ter-se tornado quase mortais: por exemplo, se Psiquê se aproximasse dos carneiros selvagens em pleno calor do meio-dia. Em cada um dos "atos do herói" oculta-se a morte, mas o sentido superficial é que ele tem de entrar em luta direta com a morte ou com o inferno, quando isso é exigido dele.

O fato característico extraordinário de Psiquê ter ficado desesperada a cada nova tarefa, achando que a única solução seria a morte, só agora se torna compreensível com relação a esta tarefa. Afinal, as núpcias de morte que lhe estavam destinadas de forma surpreendente não se consumaram, mas, ao contrário, foram substituídas pela vida no paraíso escuro com

---

[*] As fiandeiras são um símbolo conhecido da Grande Mãe; o burriqueiro é conhecido como Ocno, cujo significado mítico Bachofen esclareceu; e o fantasma do morto, que pede acolhida a Psiquê, pode ser facilmente entendido como o perigo de ser possuído pelo morto, o fantasma dos ancestrais.

Eros. Contudo, a consumação das núpcias de morte pertence às necessidades arquetípicas de seu relacionamento com Eros, como havia previsto o oráculo de Apolo. Enquanto esse fato permaneceu inconsciente e só se tornou visível a sua sempre renovada tendência a cometer suicídio, sua ida a Perséfone significa que ela terá de enfrentar conscientemente a morte de frente. Mas agora, no fim do seu desenvolvimento, ela enfrenta essa situação de morte como uma pessoa transformada, não mais uma menina inexperiente, mas uma mulher que ama, que sabe e já é experiente.

Vencer esse caminho heroico só é possível a Psiquê depois que ela conquistou certa consciência pelo fato de ter executado as tarefas anteriores, consciência que tem um alcance que transcende em muito sua primitiva sabedoria instintiva. Através do vínculo forjado com as forças simbolizadas pelas formigas, pelo caniço e pela águia, ela pode absorver o conteúdo das instruções que são representadas pela "torre que vê longe". Devido ao fato de Psiquê possuir agora uma meta objetiva e um ego estável, ela não está mais disposta unicamente a seguir as exigências naturais do seu ser e é capaz de perceber os ardis que as forças inimigas lhe querem impor. Ela tem sucesso em voltar à terra, pelo fato de ter assimilado a força de ascensão espiritual masculina da águia, de forma que ela sai das trevas voltando à superfície para ver as coisas de um nível "superior".

Para o fato de não ser mais somente uma força instintiva, mas "saber" algo, existe o símbolo da torre conselheira.

Psiquê é mandada por Afrodite para Perséfone, é mandada do mundo superior para a deusa dos infernos. No entanto, ambas são a aspectos da mesma Grande Mãe, inimiga de Psiquê. Nesta situação — mais do que nunca — fica evidente a inter-relação arquetípica de Afrodite e Perséfone: ambas são dois aspectos da Grande Mãe, e isso se torna visível também nos cultos.

A divisão do arquétipo original nas deusas isoladas levou a cultos separados. O que a pesquisa erroneamente aceitou como o resultado de uma interpretação "sincrética" quando, por exemplo, no hino a Ísis de Apuleio todas as deusas femininas são festejadas como uma única, é apenas o tardio reflexo de inter-relacionamentos legítimos e primordiais. Esse fato não se limita — como arquétipo — apenas a uma única cultura, ou a um círculo de culturas. Aquilo que é ensinado no *Livro Tibetano dos Mortos,*[24] que as divindades favoráveis e desfavoráveis são apenas dois aspectos do Um, é a verdade. Pode-se comprová-la em Babilônia e na Índia, tal como no Egito e na Grécia.

"Os relacionamentos noturnos de Afrodite são profundos, mesmo na tradição clássica, quando não se trata de noites de amor mas de núpcias de morte. Contudo, é-nos revelado que também em Delfos há uma Afrodite "dos túmulos", uma *Epitymbidia,* que é venerada. Na Itália grega há maravilhosos monumentos artísticos que nos mostram como a deusa dos infernos, Perséfone, também pode parecer afrodítica e como tinham sentido religioso os ensinamentos pitagóricos que diziam que havia duas Afrodites, uma celestial e outra infernal. Afrodite tinha um aspecto-Perséfone, e chamava-se no lugar em que se sabia desse fato, por exemplo, na cidade grega de Tarento, no sul da Itália, Rainha.[25]

Embora a interpretação da tarefa que Afrodite impôs a Psiquê só possa ser realizada observando-se o pano de fundo dos Mistérios de Elêusis e do relacionamento Core-Perséfone, apresentados por nós em outro inter-relacionamento, elas nos dão algumas indicações sobre o lugar dos acontecimentos.

A grande tarefa de Psiquê é sair da esfera matriarcal e, em seu amor consciente por Eros, alcançar a esfera psíquica, "a experiência feminina do encontro", que é o pressuposto para a individuação feminina. As irmãs-sombra inimigas devem ser configuradas como poderes matriarcais; porém a intervenção de Afrodite deslocou o conflito do plano pessoal para o plano transpessoal.

Core-Perséfone e Afrodite-Deméter são os grandes polos como deusas femininas dos Mistérios centrais, os Mistérios de Elêusis, cujo inter-relacionamento com o mito de Psiquê é estabelecido com a sua última tarefa.

Os três trabalhos iniciais tornaram evidente que a queda de Psiquê terminaria com a atitude primordial do matriarcado. Por trás da impossibilidade de realizá-los encontrava-se a característica concepção matriarcal de um princípio masculino que, conforme Afrodite esperava, seria fatal a Psiquê. Esse princípio masculino negativo manifestou-se como a promiscuidade masculina no desenrolar das tarefas: como masculino mortal e como masculino difícil de conter. A tentativa de Afrodite destruir Psiquê dessa maneira atinge o auge no quarto trabalho que lhe impôs.

Primeiro temos de entender o significado da caixinha com o unguento, que Psiquê tem de buscar com Perséfone. A incumbência é dada por Afrodite, inimiga mortal de Psiquê, o "unguento" é de Perséfone, e quando a caixinha que o contém é aberta por Psiquê, esta cai num sono semelhante à morte. Temos de ater nossa interpretação a esses três fatos.

O creme de beleza imortal representa, assim parece, a eterna juventude de Perséfone, a eterna juventude da morte. É a beleza de Core, a beleza do "sono semelhante à morte". Nós o conhecemos de contos como o da "Bela Adormecida" e o de "Branca de Neve", condenadas a esse sono pela Mãe Terrível, a madrasta, ou pela velha bruxa. É a beleza do caixão de cristal, ao qual Psiquê deve regredir, a beleza infecunda e fria da virgindade sem amor ao homem, como exige o matriarcado. Essa beleza de existir na inconsciência dá à mulher uma perfeição natural, característica das donzelas. Mas preservar a virginidade para sempre significa a beleza da morte, uma beleza de Perséfone, que é inumana como destino — pois significa sofrimento — e uma existência inexperiente na perfeição criada por Deus. Portanto, a meta secreta de Afrodite é fazer Psiquê "morrer", fazendo-a regredir ao estágio Core-Perséfone, no qual vivia antes de encontrar-se com Eros. Aí está a sedução do narcisismo tentando derrotá-la nesse momento. Isso significa que Afrodite queria que Psiquê regredisse de mulher que amou Eros, e que foi "possuída" por ele, para uma virgem encerrada no amor narcisista por si mesma, como se estivesse encarcerada no caixão de cristal.*

Colocar o creme imortal de beleza nas mãos de Psiquê é uma artimanha muito inteligente de Afrodite, digna do profundo conhecimento que tem da feminilidade. Que mulher resistiria à semelhante tentação, e como poderia especialmente Psiquê deixar de cair na armadilha? Psiquê "fracassa", se entendermos como "fracasso" todos os acontecimentos que se seguem à abertura da caixinha.

Surda às advertências da torre, que ignora, como antes fizera com os conselhos de Eros, ela abre a caixinha e cai no sono estígio, sono parecido com a morte, e parece ter perdido

---

* Um exemplo mitológico para essa regressão está na morte de Euridice cantada na poesia de Rilke, citada à página 85.

tudo o que conseguira realizar no seu árduo caminho de tarefas e de sofrimentos.

Ela cai num sono parecido com o da Bela Adormecida; volta a Perséfone, como Eurídice depois que Orfeu se virou para vê-la, e é dominada pelo próprio aspecto mortal de Afrodite; torna-se Core-Perséfone e é conduzida novamente ao Hades, não pelo noivo masculino da morte, mas pela vitoriosa Grande Mãe, enquanto mãe da morte.

Mas, assim como as exigências de Deméter junto a Plutão não foram muito bem-sucedidas, visto que Core já se havia unido a ele e já havia comido o símbolo da fertilidade, a romã, da mesma forma a tentativa de Afrodite de fazer Psiquê regredir ao matriarcado é vã, pois Psiquê está grávida, e sua gravidez, de Eros, é símbolo do profundo vínculo individual com ele, como se verá no final. Psiquê não está preocupada — como Afrodite — com a fertilidade da natureza, mas com a fertilidade do encontro individual. É evidente que a independência de Psiquê começa na época da sua gravidez. E enquanto a gravidez na esfera matriarcal conduz a uma união entre mãe e filha,* aqui o despertar de Psiquê para a independência que se inicia com a gravidez leva-a ao encontro do amor e da consciência.

---

* As indicações de Kerényi em seu trabalho sobre os Mistérios de Elêusis[26] precisam ser completados por uma interpretação psicológica, que permita que os mistérios do feminino sejam entendidos como mistérios centrais do ponto de vista matriarcal.

O final feliz que se segue, quando Eros chega e desperta Psiquê, não é, como parece à primeira vista — um acontecimento com intervenção do deus *ex machina*, tão típico na literatura clássica, — mas algo bastante mais profundo, — e, se bem compreendido — mostra a genialidade das peripécias que enriquecem este mito. O que faria Psiquê fracassar justamente agora, no final, depois que ela já passara por tantas peripécias e já se livrara de tantas situações? Seria apenas por curiosidade feminina somada a uma vaidade narcisista, responsáveis pelo fato de ela não conseguir cumprir toda a exigência de entregar a caixinha com o cosmético a Afrodite, abrindo-a, embora soubesse que disso dependia todo o seu destino? Por que Psiquê fracassa, instruída com a orientação da "torre que vê longe", apesar do desenvolvimento da sua consciência e apesar da estabilidade do seu ego, tanto que fora capaz de se livrar do medo mortal ao inferno para onde Afrodite a enviara? Por que, se poderia ter tido sucesso?

Psiquê fracassa — ela precisa fracassar — porque ela é uma psique feminina, e é justamente esse fracasso que lhe traz, sem que o saiba, a vitória.

Não se poderia imaginar uma luta mais bonita contra o dragão do que essa! O que já formulamos em outro trecho está absolutamente certo — porque se sabe que o método feminino de derrotar o monstro é aceitá-lo e, aqui, essa perspicácia assume a surpreendente, mas nem por isso menos eficiente, forma do fracasso de Psiquê. Ela percorreu a trilha do herói — nós a acompanhamos por todos os estágios — desenvolveu uma consciência tão forte e radical que, devido a essa consciência, ela perdeu o amado. Porém, no fim, a um passo do fim, ela deixa de atender aos avisos insistentes da torre e se arremessa num perigo mortal, denominado Afrodite-Perséfone.

E tudo isso em vão, por quase nada, apenas para agradar a Eros!

Quando Psiquê decide abrir a caixinha que tem nas mãos e usar o creme da beleza imortal, deveria estar consciente do risco a que se expunha, visto que a torre a advertira suficientemente. Mesmo assim, decidiu roubar para si o que conseguira a tão duras penas, em vez de entregá-lo à Grande Mãe, a Afrodite.

Tudo começa com o tema da beleza, que reaparece agora num plano diferente. Quando Psiquê era chamada de a nova Afrodite devido à sua beleza, que despertara o entusiasmo dos homens e a rivalidade da deusa, ela considerou esse dom uma desgraça. No entanto, agora, exatamente para aumentar essa beleza e torná-la digna de Eros, ela está disposta a atrair sobre si mesma a pior das desgraças. Essa mudança de Psiquê aconteceu por amor a Eros, e isso expressa um conhecimento de que as consequências serão trágicas.

Psiquê é mortal e está em conflito contra deusas, e isso já é suficientemente perigoso; mas, visto que seu bem-amado também é um deus, como poderá ela contemplá-lo de frente? Ela provém da esfera terrestre, mortal, e quer tornar-se igual ao seu amante divino. É como se feminina, feminina demais, sem no entanto desconhecer totalmente a psicologia do seu parceiro — ela dissesse a si mesma: minhas ações, meus sofrimentos, podem comovê-lo, podem despertar sua admiração, mas minha alma pode não lhe bastar; uma coisa, contudo, é certa: uma Psiquê untada com o creme de beleza imortal será irresistível para Eros. E assim rouba o creme que deve dar-lhe a beleza que une Perséfone a Afrodite. E então, quando acontece a tragédia, e o sono da morte se abate sobre ela, o que acreditávamos ser uma regressão — não foi por acaso que Core foi roubada no vale que traz o nome da papoula do sono[27] — parece ter surgido todo o aspecto negativo-regressivo que havíamos mencionado como perigoso.

Por que Eros chega nesse exato momento e a salva, e por que ainda não estamos preparados para admitir que se trata de um *happy-end* provisório, mas afirmamos que a salvação pertence significativamente ao conjunto dos acontecimentos?

Enquanto, no início, Psiquê sacrifica o paraíso com Eros a bem do seu desenvolvimento espiritual, agora ela está também disposta a sacrificar tudo o que conquistou em termos de desenvolvimento espiritual para conseguir a beleza imortal de Perséfone-Afrodite a fim de agradar a Eros. Ao agir assim, parece regredir, mas esta não é uma regressão a algo do passado, como, por exemplo, ao princípio matriarcal. Ao preferir a beleza ao conhecimento ela se concilia com a beleza da sua natureza. E porque ela o faz por amor e para Eros, sua "antiga feminilidade" entra em nova fase. Não é mais a beleza fechada em si mesma, nem a beleza sedutora de Afrodite, que só se interessa pela "atração física natural". Trata-se da beleza da mulher que ama, que deseja ser bela para ser amada, que quer ser bela para Eros e ninguém mais.

Em outro local mencionamos que o egocentrismo como tendência à totalidade se expressa originalmente em uma sensação generalizada do corpo,[28] e que o corpo no nível primitivo representa, de certa forma, a totalidade, o *self*.

O relacionamento com a corporalidade surge ao aparecer o que erroneamente é denominado de "narcisismo" quando se trata da ênfase da própria beleza e integridade física. Essa fase, que é liberada durante o desenvolvimento masculino e substituída por outra constelação, fica preservada, no feminino, através da original correlação com o *self;* ela é mantida de forma mais duradoura.

Na medida em que Psiquê se comporta de forma tão paradoxal nesse ponto, ela torna a unir-se ao próprio centro feminino do *self*. Ela professa seu amor e agarra-se ao encontro individual com Eros e ao mesmo tempo prova que todo o seu juízo — masculino — é primordialmente feminino. A ênfase masculina com a qual teria de ter percorrido seu caminho é eliminada através da sua feminilidade, e nos parece que justamente pelo toque feminino, sem saber e sem querer, ela obtém o perdão de Afrodite-Perséfone. Quando vemos que Afrodite levanta de uma só vez toda a resistência contra Psiquê, acreditamos que a postura de Afrodite, que aceita a deificação da amante do filho proposta por Zeus, tem um motivo profundo, pois suficientes vezes Afrodite se opusera aos desejos de Zeus. Mas uma Psiquê "fracassada", que por amor a um homem desiste de todos os seus princípios, arremessa todas as advertências ao vento e desiste de qualquer bom senso — justamente essa Psiquê desperta a boa vontade de Afrodite, que pensa ver parte de si mesma na "nova Afrodite".

Mas esse fracasso paradoxalmente feminino de Psiquê provoca a intervenção de Eros que, de jovem aventureiro e imaturo, torna-se um homem: o fugitivo ferido torna-se o salvador num outro nível. Nas leis que parecem formar a base deste mito, Psiquê, com seu fracasso, faz exatamente o que tinha de fazer, aquilo que estimula a primeira ação inteiramente máscula de Eros. Quando, na ocasião anterior, ela acendeu a luz do candeeiro correndo o risco de perder Eros, impulsionada por algo que lhe pareceu ser ódio, agora ela está disposta a "permanecer nas trevas" a fim de conquistá-lo, impulsionada por um motivo que lhe parece ser o amor; com essa situação em que, como uma nova Core-Perséfone, dorme novamente no caixão de cristal, Psiquê fornece ao amante a oportunidade de aparecer como seu salvador, como o seu herói.

Na medida em que Psiquê sacrifica o lado masculino que — necessário como era — conduziria à separação, ela veio a ficar numa situação em que, justamente por seu desamparo e pela sua necessidade de ser salva, libertou o encarcerado Eros.

Indubitavelmente, Psiquê conhece o risco que corre se abrir a caixinha. Mas nesse momento ela realiza outra vez, em plano mais elevado, de livre e espontânea vontade, as núpcias de morte com Eros. Ela morre por ele, está disposta a entregar-se, e a tudo o que conquistou até agora — pois é isso que essa situação paradoxal requer — ao abrir a caixinha ela se torna divinamente bela ao morrer. A beleza e a perfeição inocentes e naturais da donzela que morre nas núpcias de morte com o homem, aqui se transformam na beleza espiritual e anímica consciente de uma Psiquê que se sacrifica e que se entrega com todo o seu amor a Eros.

Com essa ação, o princípio divino experimenta uma situação única, característica e nova. O amante divino, pelo sacrifício contido na morte de Psiquê, transforma-se de garoto ferido em homem redentor, pois em Psiquê ele encontra o que só existe no centro humano-terreno, entre o céu e o inferno: o mistério do renascimento feminino do amor. Essa maravilhosa experiência Eros nunca poderia fazer nem ter com nenhuma deusa. Só com a humana Psiquê, que através do fenômeno do amor consciente se dispõe a morrer e, mais forte do que a morte, dotada com a imortal beleza divina, recebe o noivo ataviada como a noiva da morte.

Neste sentido, torna-se compreensível a aliança entre Zeus e Eros, e também a aceitação de Psiquê no céu. A instância mais elevada do masculino curva-se diante do humano e do feminino, que demonstrou ao divino sua igualdade através da superioridade no amor.

Portanto, o fracasso de Psiquê não é um naufrágio regressivo e passivo, mas uma nova reversão dialética do seu extraordinário devotamento. Através do aperfeiçoamento da sua feminilidade e do seu amor, ela provocou a perfeita masculinidade de Eros. Na medida em que se abandona o amor, sem o saber recebe a redenção através do amor.

Com a redenção através de Eros, Psiquê completou o círculo de suas quatro tarefas e, desta forma, completou, através dos quatro elementos, o caminho que costuma ser trilhado pelos iniciados. Caracteristicamente, contudo, a Psiquê feminina não passou meramente pelos quatro elementos como devem fazer os iniciados masculinos nos Mistérios de Ísis. Ela tem de conquistá-los, tem de torná-los *seus* através de suas ações e sofrimentos, assimilando-os como forças auxiliares da sua natureza: as formigas, que pertencem ao elemento terra; o caniço, que pertence ao elemento aquático; a águia de Zeus, que pertence ao ar; e, finalmente, a figura ígnea e divina do próprio Eros redentor, o próprio fogo.

Ainda temos de acrescentar um ponto que esclarece o significado do fracasso de Psiquê para o desenrolar geral do mito em suas maiores profundezas e consequências. Também aqui só podemos admirar a estrutura interior dos acontecimentos, a qual, apesar de sufocada totalmente pelos arabescos idílicos e românticos de um conto de fadas, ainda assim não se oculta a olhos atentos.

Não é por acaso que o local em que se desenrola o fracasso de Psiquê, e em que ela abre a caixinha que tem todas as associações possíveis com a fatídica caixa de Pandora, é a terra. Só depois de voltar do inferno, dos reinos de Perséfone, é que ela se decide a agir, ou seja, nesse momento ela está em seu próprio elemento, ela pisa o solo humano, estando assim entre o céu de Afrodite e o inferno de Perséfone.

Tivesse ela aberto a caixinha quando ainda se encontrava nos domínios de Perséfone, inquestionavelmente teria ocorrido uma desgraça para a qual não haveria solução. No entanto, pelo fato de ela ter voltado do inferno, retornando "ao coro celestial das estrelas" e visto que o tesouro havia sido retirado do inferno, a situação muda radicalmente. O que recebera de Perséfone, ela traz consigo e lhe pertence com toda a razão. Seu ato consiste em não entregar o conquistado a Afrodite, mas em apossar-se dele e, como um Prometeu de saias, passar a preciosidade que pertence à dona dos infernos para a Psiquê humana.

Ela toma para si como pessoa humana o que "afinal" pertencia aos arquétipos, às deusas. Com isso, realiza um feito heroico, pois o herói sempre devolve ao âmbito da personalidade humana o tesouro que, originalmente, era possuído e guardado pelo dragão do inconsciente. Se, no entanto, quisermos interpretar o caminho percorrido por Psiquê como o caminho da iniciação do feminino, surge a questão sobre o papel desempenhado por Afrodite.

A Afrodite do nosso mito não é a Grande Mãe do mundo clássico grego. Ela é mais e é menos: mais porque, através da grandeza demoníaca da sua personagem, vislumbra-se a Mãe Terrível da antiguidade mítica; e é menos, porque traz traços personalistas que lembram antes as mães terríveis que formaram a história familiar dos homens do que a realidade divina.

Sabemos que a "Grande Mãe" também pode surgir como representação do *self* feminino, e devemos nos perguntar, até que ponto Afrodite desempenha esse papel de *self* neste caso, ou melhor, até que ponto o *self* se utiliza do arquétipo da Grande Mãe para seus fins.*

A relação do *self* com o arquétipo dos pais coloca-nos diante da mesma situação encontrada na vida do herói masculino que analisamos em outro trecho.[29] O arquétipo negativo dos pais aparece com frequência em oposição ao herói, muitas vezes personalizado como o "Pai Terrível" ou a "Mãe Terrível", porém arquetipicamente também como uma divindade negativa e perseguidora. O mais conhecido exemplo desta constelação é o relacionamento de Hera e Hércules. Nesse caso, Hera estimula o feito heroico de Hércules; aqui é Afrodite que coloca Psiquê em ação. A partir deste aspecto, o arquétipo "mau/perseguidor" transforma-se naquilo que estimula o desenvolvimento e, desta forma, acarreta a individuação.

Isso significa que para Psiquê não existe apenas a unidade negativa de Afrodite-Perséfone, mas também a unidade superior que, embora inominada, a orienta como o *self-Sophia*, a Afrodite que representa um dos aspectos da Mãe Terrível que sempre torna a conduzi-la outra vez "ao caminho".

Aqui se torna bastante visível a oposição entre a concepção masculina e a concepção feminina do Grande Princípio

---

* O mesmo problema encontramos no mito Deméter-Core, no qual Gaia sem dúvida favorece o roubo de Core; portanto, deve-se aceitar uma posição antagônica entre Gaia e Deméter.

Feminino, que pertence à formação psíquica essencial do romance de Apuleio. Afrodite-Fortuna, que não recebe acolhida na época, representa a "má sina" e a Mãe Terrível, em oposição a Ísis que, como deusa transformada pelos mistérios — torna-se a "boa sina", a Boa Mãe, Sophia.

Sob essa contradição aparece o que existe de feminino na Psicologia do Masculino, como também no capítulo final de Apuleio: A Consagração de Ísis. Contudo, para Psiquê, "encarnação" da feminilidade com a sua psicologia, isso não vale.

A concepção da unidade do "Grande Feminino" que pertence às experiências primordiais da mulher, e que ainda representa o antigo céu dos deuses com sua rivalidade entre as deusas, é solucionada no mundo patriarcal. A divisão em mãe boa e mãe má no patriarcado leva à repressão do lado negativo do feminino no inconsciente. A partir disso, pelo fato de essa separação do "mal" que existe no feminino só se realizar de modo imperfeito, é que conhecemos a total expulsão da divindade feminina do céu, que conhecemos das religiões patriarcais monoteístas. Como um movimento contrário a esse processo de humanização das deusas, temos no mito de Psiquê a deificação da humana Psiquê.

A experiência que Psiquê tem da unidade do Grande Feminino não é a experiência primitiva dos opostos na sua unidade ainda numinosa-urobórica, mas a experiência da totalidade, que a mulher vive na sua individuação como um resultado do próprio aperfeiçoamento.

Convém salientar que o mito de Psiquê é arquetípico e, nesse sentido, é historicamente um modelo, ou seja, demonstra um futuro desenvolvimento que, no âmbito individual dos antigos, ainda não aconteceu. Portanto, também Psiquê não tem consciência da experiência da unidade do Grande Feminino, mas essa unidade existe como uma realidade atuante por trás do seu desenvolvimento.

Já vimos que em Afrodite se funde a forma da Mãe Má com o *self* feminino como Sophia, que leva à individuação, mas o inter-relacionamento da Grande Mãe da Psicologia do Matriarcado, o papel das irmãs e do *self* feminino ainda precisam ser interpretados de forma mais clara, sem que com isso seja necessário explicar toda a problemática do relacionamento primordial do feminino, a relação entre mãe e filha.

A personalidade feminina precisa passar por uma série de fases durante o seu desenvolvimento, cada uma delas caracterizada por determinada realidade arquetípica. O desenvolvimento transcorre da situação original de ampla identidade entre mãe-filha-self-eu e o "matriarcado", no qual, ao haver maior liberdade e independência do ego, ainda domina o arquétipo da Grande Mãe sobre o "Uroboro patriarcal", na medida em que o domínio do arquétipo da Grande Mãe é resolvido pelo arquétipo do Grande Pai. Essa situação do patriarcado — especialmente conhecida nos países ocidentais — é caracterizada pelo retrocesso da psicologia feminina e por suas dominantes, e através de uma maior ou menor determinação da vida feminina também com consciência do masculino e de seus valores.

A fase coletiva específica do patriarcado com a submissão do feminino é resolvida pelo "encontro" no qual o masculino e o feminino se enfrentam individualmente e com direitos iguais. Na fase de individuação, o feminino também se liberta da determinação através do encontro com o masculino e, orientada pela experiência do *self,* torna-se um *self feminino.**

O *self* substitui a totalidade e não tende mais ao egocentrismo[30] para a formação do Eu e da consciência, mas leva à individuação, na qual o *self* é experimentado como o centro da totalidade. Quando as forças inconscientes se opõem ao Eu e ao desenvolvimento da individuação numa fase que tenha de ser vencida, trata-se sempre de um conflito entre o inconsciente como a Grande Mãe Repressora e o *self,* que pretende o desenvolvimento integral da personalidade.

---

* Esta apresentação esquemática do desenvolvimento não corresponde, naturalmente, à realidade, pois ele não é direto; há fases de desenvolvimento. Além disso, uma nova fase não elimina simplesmente a anterior, mas acrescenta uma nova peça à estrutura psíquica, que até então era determinada pelas outras fases com suas leis.

Uma dificuldade essencial da psicologia feminina está em que o feminino precisa desenvolver-se para o masculino e sobre o masculino, o que representa uma luta do inconsciente contra o consciente. É assim que surge o conflito com a Grande Mãe, o arquétipo feminino da inconsciência, e com o relacionamento primordial feminino, como vemos no mito Deméter-Core. Esse desenvolvimento que está em oposição à Grande Mãe não deve nem levar à violação da natureza feminina através do masculino e da sua psicologia característica, nem o feminino deve perder contato com o inconsciente e com o *self* feminino.

A dificuldade de distinguir entre o caráter progressivo do *self* e o caráter regressivo da Grande Mãe faz parte de um dos problemas centrais da psicologia feminina.[31]

No desenvolvimento de Psiquê, a psicologia do matriarcado é defendida pelas irmãs que, simbolicamente, representam também a ligação fraterna do grupo de mulheres e, ao mesmo tempo, sua inimizade diante do homem como pessoa. É preciso superar a hostilidade ao homem — ao encontro — ao amor existentes no matriarcado, e o patriarcado também representa para o desenvolvimento feminino uma etapa necessária de transição; contudo, o "aprisionamento no patriarcado", a "psicologia do harém", representa uma derrota diante da estabilidade matriarcal feminina. É por esse motivo que, na

Erich Neumann

oposição das forças matriarcais contra o aprisionamento do feminino no patriarcado, bem como contra o aprisionamento pelo dragão-Eros, o Uroboro patriarcal, existe um elemento positivo essencial.

Nesse sentido, a "regressão" às forças matriarcais ainda pode ser muitas vezes constatada na psicologia da mulher moderna, com um sentido progressivo. Também quando as forças representam uma parte da sombra feminina, sua aceitação, como aconteceu na ação de Psiquê, pode levar a uma nova integração e ampliação da personalidade.

Isso, no entanto, só acontece quando a aceitação se dá a favor de uma personalidade ainda desconhecida e por aperfeiçoar, quer dizer, no sentido de uma aproximação da totalidade da psique, não contudo através da entrega a uma parte de sombra destrutiva e pessoal, como, por exemplo, é representada no mito de Psiquê pelas duas irmãs. A negatividade das irmãs já se manifesta na intenção negativa de suas consciências contra Psiquê, mas torna-se bem nítida quando entendemos a essência do desenvolvimento posterior da história, caso seja honesto dizer que sua derrota representa um desenvolvimento. Nesse episódio, que parece consistir numa vingança de Eros e Psiquê contra as irmãs, ocultam-se elementos psicológicos e mitológicos de grande significado. Correndo o risco de sermos suspeitos de uma superinterpretação, vamos dar indicações desses inter-relacionamentos, os quais, seja como for, somente podem ser avaliados totalmente através de uma apresentação geral das fases do desenvolvimento feminino.

A morte das irmãs causada por Eros é um exemplo típico da derrota do feminino pelo "Uroboro patriarcal". Elas não conhecem o amante de Psiquê, não têm consciência da sua aparência; no entanto, estão até mais enamoradas por ele do que a própria Psiquê. Quase que imediatamente elas deduzem que ele é um deus e imaginam, com razão, um paraíso de prazer em que de fato Psiquê vive com Eros. A fascinação por esse amante divino é fortemente "personalizada" no mito; o palácio, o ouro, as pedras preciosas, etc., etc., são nesse caso meras atrações "mundanas"; contudo, por trás delas, está a força de um fascínio suprapessoal tornado vivo por Eros. Não devemos nos esquecer da situação das irmãs de Psiquê, presas na prisão patriarcal de seus casamentos infelizes, representando uma o papel de filha, a outra o papel de enfermeira. Sua inveja e ciúme rancoroso por Psiquê, bem como sua imediata prontidão em abandonar tudo só para cair nos braços de Eros, abrigam, apesar de seu caráter cômico, uma certa natureza trágica. A morte das irmãs é representativamente mítica. Elas se lançam no abismo tomadas por alucinações amorosas; lançam-se do clássico penhasco das noivas destinadas às núpcias de morte, sobre o qual também Psiquê ficara exposta. Ambas são despedaçadas. Cegas de paixão, elas testemunham na sua loucura a desagradável justiça do mito quanto à verdade de tudo aquilo que haviam inventado a Psiquê de negativo sobre seu amante invisível, e cumprem, no lugar da irmã caçula, o trágico destino sombrio, encontrando a morte. Para elas, Eros de fato se tornou o monstro devorador masculino, a besta selvagem do oráculo de Apolo. Ultrapassando seu consciente de assassinas de homens, foram capturadas dionisíaca e manadicamente por Eros, e se arremessaram loucas de amor abismo abaixo, estabelecendo verdadeiros paralelos, por exemplo, com as figuras das mulheres que em sua resistência a Dioniso são inconscientemente possuídas por ele a fim de serem derrotadas pela loucura manádica.

Ao contrário, durante o seu desenvolvimento, Psiquê se libertou das forças matriarcais que lhe deram o impulso para a revolta, bem como da prisão no paraíso de prazer que lhe fora ofertado pelo uroboro patriarcal Eros. A ajuda do feminino — Deméter e Hera — foi recusada a Psiquê. Ela teve de caminhar até o doce-amargo fim pelo caminho masculino que empreendera, armada com o punhal e o candeeiro. Com a assistência invisível de Pã, saiu vitoriosa no que se refere às tarefas impostas por Afrodite; no entanto, isso quer dizer que, no seu encontro com Eros, precisou recuar até as camadas do seu inconsciente, onde dominavam as figuras e forças masculinas.

O mundo das forças masculinas no inconsciente feminino tem maior alcance ainda sobre a imagem, que chamamos de "animus".[32] De um lado, elas se estendem até as formas que abandonam, "as forças apenas viris",[33] e que se tomam urobóricas; do outro lado, pertencem ao seu âmbito, imagens supra--humanas. Animais, como a serpente, mas também o touro, o carneiro, o cavalo etc., simbolizam o poder fertilizante ainda primitivo do espírito masculino no feminino; e os pássaros, desde as pombas espirituais fecundantes até a águia de Zeus, também são símbolos dessas forças do espírito, como ensinam os rituais e os mitos de todas as culturas. O princípio fecundo e masculino do reino vegetal, por exemplo, como fruta-alimento, é arquetípico e da mesma forma efetivo como a força inorgânica das pedras ou do vento, tal como todo elemento espiritual fecundante traz em si.

Esse anônimo espírito masculino, com seu lado produtivo e seu lado destrutivo, que denominamos de "uroboro patriarcal", tem uma grandeza psíquica que fica no limiar e além do mundo do *animus* que atua no feminino.

Com suas primeiras três tarefas, Psiquê pôs em movimento as forças masculinas positivas da sua natureza, tomando conhecimento da sua existência. A partir disso, ela pôs em atividade consciente as forças que a ajudaram de forma inconsciente e, desta maneira, liberou o próprio lado masculino. Esse caminho percorrido por uma personalidade consciente se opõe à Grande Mãe, e é o caminho típico do herói masculino, em cujo final Psiquê se transformou numa Nique. Trata-se de uma vitória bastante questionável, como os correspondentes desenvolvimentos femininos demonstram em profusão. Pois pagar tal desenvolvimento vitorioso masculino com o preço da força de atração — quer dizer, a força de atrair Eros — seria para uma Psiquê feminina, cujos atos foram praticados por amor a Eros, uma saída catastrófica. Isso foi evitado pelo que denominamos de "o fracasso de Psiquê".

Depois de conscientizar-se e de compreender seus componentes masculinos, Psiquê tornou-se um todo através do desenvolvimento do seu aspecto masculino, e então viu-se na situação de enfrentar o todo da Grande Mãe em seu duplo aspecto como Afrodite-Perséfone. O fim desse conflito foi a paradoxal "derrota vitoriosa" do seu comentado fracasso, com o qual não só recuperou um Eros adulto, mas ao mesmo tempo recuperou contato com o seu próprio *self* central feminino.

Nesse ponto, acontece o arrebatamento de Psiquê para o céu por Hermes e sua aceitação no Olimpo. Segue-se sua deificação e sua união eterna com Eros. Aqui Hermes cumpre outra vez sua verdadeira função de *Psicopompo*, de guia de almas. Primeiro, a serviço de Afrodite, ele nada mais era do que "o mensageiro dos deuses", uma figura secundária e bastante caricaturesca num mundo de deuses romanos. Agora, no entanto, no momento em que Psiquê recebe a merecida imortalidade, também Hermes é salvo de sua origem primordial mítica e torna-se visível a sua característica atuação hermética como guia de almas femininas.

Com a acolhida de Psiquê como esposa de Eros no Olimpo, torna-se evidente, no mito, o desenvolvimento feminino e também humano naquela época.

Do ponto de vista feminino, isso significa que a capacidade individual de amar e a força da alma são divinas, e que o caminho da transformação do amor é um mistério que diviniza. A experiência da psique feminina adquire especial importância face ao mundo patriarcal antigo, no qual a existência coletiva das mulheres estava subordinada às leis do princípio da fertilidade.

Os homens conquistam seu lugar no Olimpo, mas não graças a um herói masculino divinizado, porém graças a uma alma apaixonada; com isso, a mulher humana subiu ao Olimpo como um indivíduo e, a partir daí, com a perfeição conquistada pelo mistério do amor, viu-se lado a lado com os arquétipos da humanidade inteira, com os deuses imortais. E, por mais paradoxal que possa parecer, ela conquistou esse lugar divino justamente através da sua mortalidade. Primeiro, a experiência da mortalidade, depois a transição da morte para o renascimento e a ressurreição através de Eros, tornaram Psiquê divina num mistério de transformação, que a eleva sobre o que não era humano no sistema antigo, conduzindo-a ao que somente era divino.

Nesse último inter-relacionamento, torna-se visível um último problema, e este é exatamente o do fruto da união de Psiquê com Eros. Essa criança, cujo crescimento acompanha toda a história do desenvolvimento e dos sofrimentos de Psiquê, aparece no momento da história no qual começa a estabelecer-se a estabilidade do ego de Psiquê. Depois da primeira visita das irmãs, Eros diz a Psiquê que ela está grávida e faz essa revelação com estas misteriosas palavras: "Ainda menina darás à luz uma criança; se guardares nosso segredo, ela será um deus; se o profanares, será um mero ser mortal."

Qual será o significado dessa frase? Acaso a levamos a sério demais quando acreditamos ter de interpretá-la? Psiquê afinal deu à luz uma filha divina e, como parece à primeira vista, os "segredos" não foram mantidos; assim como não foi mantida em segredo a invisibilidade de Eros. Contudo, como temos de encerrar esta interpretação, surge a questão sobre quais seriam os segredos que Psiquê não deveria profanar.

O "manter em segredo" o indizível mistério propriamente dito está em oposição com a "profanação" ao apego interior de Psiquê por Eros, o apego da Psiquê humana de um amor secreto e "impossível" pelo seu parceiro divino e ao apego ao que acontece com ela intimamente durante esse relacionamento. Pois, visto como "profano" não só aos olhos de Afrodite, esse amor é considerado profano aos olhos de todos os demais, um paradoxo e um absurdo, um amor ao mesmo tempo proibido e infeliz.

O verdadeiro segredo Psiquê guardou até mesmo de Eros e contra a sua resistência, pois o segredo indizível do seu amor só é demonstrado na vida de Psiquê nas suas ações e na sua mudança. Embora Psiquê fale tudo o que havia para falar, essa semente íntima do seu amor continuou em segredo. Até mesmo Eros só o reconheceu com o autossacrifício de Psiquê, pois o que ele compreendia como amor só transformou o segredo do amor numa experiência viva para ele através do amor de Psiquê. Conquanto até então somente experimentara o amor como um alegre jogo dos sentidos cometido no escuro e como um impulso instintivo a serviço e de acordo com Afrodite, através do ato de Psiquê ele sentiu o amor como um caminho da personalidade que, através do sofrimento, leva a uma mudança que conduz à iluminação.

Núpcias de morte, vida no paraíso do inconsciente, luta com o dragão, caminho de sofrimento das ações, ida ao inferno e conquista de uma preciosidade, fracasso como uma segunda morte (que no mito muitas vezes aparece como prisão),[34] salvação, *Hieros Gamos,* ressurreição, renascimento como divindade e nascimento do filho. Não se trata de temas arquetípicos isolados, mas de um grande cânone de arquétipos, que aparece com frequência no mito e nos contos de fada bem como nos mistérios, mas também nos sistemas religiosos, como por exemplo na Gnose, formando sempre novas variantes na sua estrutura básica. Mas aqui nos é revelada uma outra forma específica, que conhecemos — exceto no Elêusis — não exatamente como mistério da Gnose, ou seja, do Logos, mas como mistério de Eros. A ele corresponde a criança que será trazida à luz e que, contra as expectativas de Eros,[35] é uma menina.

A Psiquê unida com Eros em seu amor não só é diferente de Afrodite ou de qualquer outra deusa, como é algo totalmente novo. Com o triunfo de amor de Psiquê e com sua entrada no Olimpo completou-se para os povos ocidentais um processo que deveria vigorar durante milênios. Pois há dois milênios o amor como um fenômeno misterioso da psique está no ponto central do desenvolvimento e no ponto central da cultura, da arte e da religião. Passando pela mística das freiras cristãs e pelo amor dos trovadores, passando por Dante com sua Beatriz, chegando até o sempre feminino Fausto, esse misterioso desenvolvimento da psique da mulher e do homem ainda não foi deixado em paz. Trouxe consigo graça e desgraça, mas é o fermento essencial da estabilidade e da espiritualidade ocidentais até os dias de hoje.

Este amor de Psiquê por um amante divino é o âmago da mística de todos os tempos, da mística do amor; e o fracasso de Psiquê, sua última entrega e o aparecimento do deus salvador justamente naquela ocasião, corresponde exatamente à fase mais elevada da mística do êxtase, no qual a alma se entrega à divindade.

Por isso se diz da criança que Psiquê dá à luz: *"quam voluptatem nominamus"*. Na língua dos mortais, será chamada Volúpia, ou como uma outra tradução mais adequada que gostaríamos de citar aqui: nós, homens, a chamamos de Deleite.[36] Contudo, na linguagem dos céus — pois afinal se trata de uma criança divina, visto que nasceu no céu, de uma Psiquê que se tornara imortal — essa criança é a Volúpia mística mencionada por toda a humanidade como a mais elevada união mística:

"Volúpia, sim, mas algo muito superior à sensualidade."[37]

Conhecemos o nascimento da "criança divina" e seu significado não só a partir da mitologia como também muito mais das experiências do processo de individuação.[38]

Enquanto que o nascimento de um filho divino significa uma renovação e uma divinização do seu espírito *animus* para a mulher, quando se trata do nascimento de uma filha divina é um acontecimento ainda mais central, que atinge o *self* feminino na sua totalidade.

E o fato de o mito de Psiquê terminar com o nascimento dessa filha, que é a Volúpia-Deleite-Bem-aventurança, tem de novo um sentido profundo que chega a nos assustar. Com essa última frase, deixando para trás a narrativa deste mito, o nascimento dessa filha no além insinua a existência do germe de uma experiência interior feminina que foge a uma descrição e escapa quase inteiramente à compreensão, embora sempre reapareça como uma experiência limítrofe da psique no mundo psíquico.

Várias vezes acentuamos que se trata do mito de Psiquê, e isso quer dizer que se trata de um "acontecimento em espaço arquetípico", que vem ao nosso encontro na sua perfeição e na experiência que está oculta nesse mito. Pelo fato de se tratar de um acontecimento arquetípico, seu significado deve ser entendido de modo humano e não personalístico, ou seja, não deve ser encarado como um acontecimento que ocorre com determinado homem ou com determinada mulher, mas de fato como um "modelo" de acontecimento.

Não é possível apresentar neste ponto a diferença psicológica entre o arquétipo psíquico da *anima* do homem e o *self* feminino da mulher. Algumas sugestões devem bastar. Não é por acaso que se fala de uma "alma" masculina e feminina,* e também não é por acaso que se define como "psique" a psicologia analítica formada pela totalidade do consciente e do inconsciente. A psique como totalidade da personalidade, tanto

---

* Em oposição à "imagem anímica" no homem e na mulher.

no homem como na mulher, é caracterizada como feminina na sua experiência de transcendência psíquica, que ela capta como "exterior" e "estranhamente numinosa". Pela mesma razão, a mandala que surge como a totalidade da psique masculina e feminina contém em si mesma um simbolismo feminino, pois é círculo ou roda ou, uroboricamente, contém os dois polos opostos.

Onde essa psique faz experiências, aparece a estrutura simbólica masculina do eu e da consciência no homem e na mulher parecendo estar relativamente fundidas, mas de tal forma que o caráter feminino psíquico tenha mais peso. Assim o nascimento místico da divindade no homem não acontece talvez como nascimento da *anima,* quer dizer, uma estrutura psíquica parcial, mas como nascimento da totalidade, exatamente da psique.[*]

Aquilo que nasce como a filha no mito de Psiquê é algo que transcende o psíquico, é uma realidade dos sentimentos, uma situação meta-psíquica que se constela na união da Psiquê humana com o parceiro divino. Justamente a partir daí torna-se outra vez evidente o significado secular da divinização de Psiquê.

---

[*] Essa variante da definição de anima por C. G. Jung me parece necessária exatamente para o desenvolvimento da experiência que ele criou no processo de individuação.

A situação da Psiquê mortal era a seguinte: ela parecia ter sido entregue a um mundo arquetípico hostil de forças femininas, cuja encarnação era representada por Afrodite. Ela parecia depender de Afrodite, enquanto o arquétipo do pai, Zeus, ficava passivo ao seu lado. Psicologicamente, isso significa que o mundo do inconsciente dominava os acontecimentos humanos em sua constelação não humana e humana predominantemente negativa, e também a correlação da humanidade com esse mundo — com Eros — era totalmente passiva. O psiquismo humano estava entregue aos deuses e era deixado a critério da sua arbitrariedade.

No mito de Psiquê, sua atividade é tão grande que todas as ações e transformações partem dela. Ela executa sua ação enquanto Eros dorme e realiza suas tarefas enquanto Eros, ferido, permanece na casa da mãe. Há o fato de ela, uma mortal, conseguir integrar em sua natureza os quatro elementos e, com isso, resistir a todas as intrigas do inconsciente e de sua senhora.

A força interior de Psiquê é tão grande, sua capacidade de integração, conquistada graças aos seus sofrimentos e ao amor, é tão forte, que ela tem capacidade para enfrentar a força desintegradora dos arquétipos e pode permanecer diante deles de "igual para igual". Mas tudo isso não acontece como uma oposição masculina prometeica ao divino, mas num arrebatamento apaixonado erótico divino, que mostra estar mais profundamente ligado ao centro do divino do que à forma de manifestação afrodítica dessa própria divindade.

Enquanto antes, como mostra uma antiga ilustração,[39] Afrodite montava em Psiquê, ou seja, o arquétipo da Grande Mãe dominava Psiquê, agora a capacidade de amar de Psiquê se transforma numa ascensão hermética divina e demonstra, através de sua entrada no Olimpo, o início de uma nova era mundial.

A deificação de Psiquê significa que o princípio humano pode enfrentar o divino em igualdade de condições, mas a união eterna da deusa Psiquê com o deus Eros confirma que essa ligação do humano com o divino não só é eterna, mas também possui em si mesma a qualidade divina.

Com a apoteose de Psiquê tem início o arquétipo de psiquização do divino, a concentração interior dos deuses naquilo que chamamos de psique humana em que surgiu esse "algo" de divino.

Bastante surpreendente é o fato de, no mito de Psiquê, surgir um desenvolvimento que simboliza o caminho de transformação e divinização de Psiquê, mas fora do âmbito cristão, sem revelação e sem igreja, totalmente pagão, embora além do paganismo. Houve uma demora de mil e quinhentos anos para que se pudesse falar outra vez, com pressupostos totalmente novos, de uma possível e significativa deificação da psique humana através de um processo de transformação. Somente depois que a excomunhão medieval do aspecto feminino-humano da psique foi liberada, pois no mundo espiritual era dada ênfase unilateral a valores masculinos-divinos, pôde haver uma redescoberta do divino na natureza terrena e na alma humana. Assim, na época moderna, o feminino teve novo desenvolvimento, tal como com o aparecimento da psicologia profunda começou a tornar-se visível no Ocidente uma nova forma de desenvolvimento e de transformação da alma.

Todos esses desenvolvimentos são concretizações do que é apresentado como modelo no âmbito arquetípico pelo mito de Psiquê e pela sua deificação. Portanto, não nos parece carecer de um significado profundo e de certa correlação o fato de essa obra sobre Eros e Psiquê surgir exatamente num momento em que a Igreja Católica, com o dogma da subida do corpo de Maria ao céu, a assunção de Maria, repita isso, comprovando renovadamente o fato que aconteceu no Olimpo pagão com a aceitação de Psiquê entre os deuses.[*]

O arquétipo relativo a Psiquê unida a Eros, junto com a filha Volúpia, parece-nos ser uma das formas mais elevadas

---

[*] A Trindade do Cristianismo corresponde aqui à "dualidade trinitária" de Zeus e Eros, que como Eros alado, na sua mais alta escala de manifestação, possui tanto o caráter de Filho como de Espírito Santo; Maria, porém, tem analogia com Psiquê. O significado psicológico das diferenças entre esse quaternário helênico antigo e o moderno quaternário cristão não deve desviar a nossa atenção neste contexto.

que o símbolo da *coniunctio* atingiu no Ocidente. Trata-se da forma juvenil de Shiva unido a sua Shakti. O hermafrodita da Alquimia é uma forma posterior dessa imagem, embora mais restrita, porque ele, tal como salientou o professor Jung, representa uma figura monstruosa, bem ao contrário do par divino formado por Eros e Psiquê.

Do ponto de vista feminino, Psiquê eternamente unida a Eros representa o *self* feminino unido com a divindade masculina. Com isso, a ênfase recai em Psiquê, que experimenta em si mesma a forma transcendente do Eros, ao mesmo tempo como o lado luminoso do Logos redentor, pelo qual e através do qual ela atinge a iluminação e a deificação. Em outros termos, para facilitar, ela conhece Eros como Gnose através do amor.

Do ponto de vista masculino, a união de Psiquê com sua personalidade perfeita, tal como a conhecemos no arquétipo da mandala com o masculino-divino, também é uma forma de manifestação do *self*. Mas, para o masculino, a ênfase cai menos em Psiquê e mais no Eros divino. Aqui a transformação do aspecto Logos do masculino num amante divino que se une a Psiquê leva à iluminação e à deificação. Em outras palavras, para facilitar, isso significa que o masculino conhece Eros como amor através da Gnose.

O cruzamento dessas duas figuras divinas e as experiências místicas formam o arquétipo da *coniunctio* de Eros e Psiquê. A auréola que os ilumina é, ao mesmo tempo, o fruto da sua união mais profunda, embora seu brilho mundano represente a Volúpia, a filha divina, a felicidade divina da sensualidade.

Mas se observarmos o desenvolvimento geral de Psiquê, fica claro o que tinha de ser esclarecido através da interdependência do mito de Psiquê com o romance de Apuleio, no qual está incluído o mito: neste mítico conto de fadas trata-se de um acontecimento misterioso. Qual o aspecto desse acontecimento misterioso e qual o seu papel em *O Asno de Ouro* de Apuleio?

Lendo o último capítulo do romance de Lúcio Apuleio, sobre a iniciação de Ísis, descobrimos os elementos essenciais do mistério.[40] A solenidade consiste numa morte voluntária e numa piedosa libertação da morte — o caminho para o reino de Perséfone e o caminho de retorno. Seu centro é formado pela contemplação, a veneração dos deuses inferiores e superiores, quando significativamente a viagem ao Hades está no início, e a passagem pelos quatro elementos. (Deixemos de lado o estágio, o da transformação de Hélio.)

As correspondências com o mito de Psiquê são tão óbvias que temos de aceitar o fato de Apuleio ter incluído intencionalmente a narrativa do mito de Psiquê em *O Asno de Ouro*. Nossa próxima questão se refere ao relacionamento existente entre a história de Psiquê e a iniciação de Ísis no romance.

Neste ponto, não é possível evitar algumas observações sobre a psicologia matriarcal e patriarcal, cuja oposição pela primeira vez torna-se clara pelos acontecimentos do mito de Psiquê. O mito — ao contrário do patético estilo sacro da solenidade de Ísis, que é apresentada com toda a pompa e brilho da terminologia dos Mistérios — é uma interpolação profana. De certa forma, sua intenção foi apresentar um modelo folclórico.

O mito de Eros e Psiquê é contado por uma velha para uma menina em *O Asno de Ouro*. Essa menina foi arrancada do "colo da mãe" vestida de noiva, no dia do seu casamento, por ladrões que queriam obter resgate dos seus pais. O motivo do rapto e das núpcias de morte é visível, apesar de caracteristicamente velado, bem como a iniciação feminina.

O mito de Psiquê, que a velhinha conta à noiva à guisa de consolo, é a iniciação necessária no desenvolvimento feminino do sofrimento forjado pelo destino, pois somente depois da desgraça e dos sofrimentos é possível a união com o amado. O fato de essa velha senhora proceder da Tessália, o país das bruxas e de Hécate, ou seja, o país da grande deusa-Mãe da época pré-grega, Feraia,[41] amplia o cenário e permite que surja a profundidade mítica dos mistérios matriarcais.

A insinuação desses inter-relacionamentos só foi entendida por Bachofen. Ele de fato inclui também essa narrativa no seu esquema e, ao fazê-lo, distorce muito arbitrariamente o texto, que dessa maneira tornou incompreensível. Mas, apesar disso, não se enganou no rumo da narrativa e a partir dela também não distorceu seu caráter misterioso. "A alma feminina que antes estava a serviço de Afrodite, dominada pela matéria, levada pelo encantamento fatal a sempre novos e inesperados sofrimentos a cada passo, cai por último nos mais pantanosos abismos da matéria — mas depois ressurge mais forte, saindo da vida afrodítica para a vida psíquica. O abismo traz em si o caráter telúrico, o plano mais elevado traz a natureza urânica. Com Psiquê, a própria Afrodite sobe à escala lunar, a mais elevada a que a materialidade feminina pode alcançar. A seu lado aparece Eros como Lunus."[42]

O conflito Psiquê-Afrodite, bem como a estabilidade feminina do mito de Psiquê, deixou de ser apreciado por Bachofen, pois o grande descobridor e panegirista do matriarcado ficou preso ao princípio platônico-cristão-patriarcal, e entendeu o feminino-psíquico apenas como uma etapa subordinada ao espírito solar masculino.

Uma interpretação platonizante, que não leva em consideração os detalhes do texto e do mito, só pode, como diz Bachofen, reconhecer um "caminho de purificação" muito generalizado da alma no mito de Psiquê. Essa interpretação designa as particularidades como "temas de contos de fadas" (como se com isso reconhecesse outra coisa que não os traços arquetípicos), e foge assim para a generalização total. Mas o que justamente faz diferença na forma extraordinária em que este mito nos foi transmitido posteriormente é a psicologia feminina nele contida, suas crises, suas decisões, e o tipo de atividade especificamente feminina, que nesse tipo de interpretação é completamente desconsiderada.

Se, ao contrário, acreditarmos redescobrir no mito de Psiquê um mito feminino, isso significa que se trata de uma etapa posterior e mais elevada da iniciação feminina, da maneira como a conhecemos dos Mistérios de Elêusis.

Tantos os Mistérios de Elêusis como os Mistérios de Ísis, no sentido psicológico, são mistérios matriarcais, essencialmente diferentes do Mistério masculino-patriarcal. Enquanto este está associado à ativa luta heroica do Eu e se baseia no mistério básico: "Eu e o pai somos um",[43] os mistérios originais femininos são estruturados de forma diferente. São mistérios de nascimento e de renascimento, e aparecem predominantemente de três formas diferentes: como nascimento do filho luminoso do Logos, como nascimento da filha, o novo *self,* e como nascimento daquele que morreu para o renascimento.

Sempre que encontrarmos esse simbolismo feminino, independentemente do fato de os iniciados serem homens ou mulheres — psicologicamente falando — trata-se de mistérios matriarcais.

Enquanto os mistérios masculinos partem da prioridade do espírito e da realidade do mundo fenomênico e da matéria como são formados por ele, os mistérios femininos partem da prioridade do "mundo fenomenal da matéria", da qual só pode "nascer" o espiritual. Neste sentido, os mistérios patriarcais são superiores, divinos, e os matriarcais inferiores, ctônicos; nuns predomina a numinosidade conceptiva; nos outros, a numinosidade criativa do que fica visível em primeiro plano. Ambos se complementam mutuamente, e só quando juntos permitem uma compreensão da verdade total dos mistérios.

Do ponto de vista psicológico, de forma nenhuma é indiferente se um homem é iniciado nos mistérios matriarcais, por exemplo, ou uma mulher nos patriarcais, ou vice-versa. A iniciação do masculino nos mistérios matriarcais acontece por dois caminhos que se diferenciam entre si, e que levam a desenvolvimentos psíquicos bem diferentes do "mistério patriarcal" do relacionamento entre pai e filho.

Um é o caminho da identificação com o filho nascido, o que quer dizer, no entanto, uma volta ao mistério do arquétipo da mãe; o segundo é a identificação com o feminino, que ao mesmo tempo está ligado com um abandono do masculino. (Não nos deve preocupar agora se essa perda está simbolizada por uma verdadeira castração, na tonsura, em beber uma poção que causa a impotência ou em vestir trajes femininos.)

Se voltarmos agora aos Mistérios de Ísis de Lúcio,* compreendemos que a consolidação, a transformação do deus solar luminoso, ao mesmo tempo que está no filho de Ísis, está no Hórus-Osíris ou Harpócrates, que nasceu e renasceu da misericórdia da Grande Deusa Mãe. Em cada caso, com a salvação de Lúcio através de Ísis e com a iniciação em seus mistérios, é o feminino que assume a liderança. Tal como a má deusa do destino está por trás da transformação do Asno de Lúcio e por trás dos seus sofrimentos, agora a deusa do destino intervém a seu favor como uma deusa boa, como Sophia-Ísis, como a maior das deusas e o leva à salvação. Com isso, esse acontecimento — imperceptível e quase invisível — retorna à sua ligação com o mito de Psiquê.

Também no mito de Psiquê os acontecimentos são determinados pelas atividades do parceiro feminino; no caso, Psiquê. A transformação de Eros: Eros como dragão, Eros como besta e como esposo, Eros como o deus adormecido e, finalmente, Eros como salvador que desperta Psiquê para uma

---

* Aqui não queremos e não podemos testar até que ponto *O Asno de Ouro* nos diz algo sobre a autenticidade ou não da experiência de iniciação que Apuleio menciona; quer dizer, até que ponto se trata de um romance que só é característico para a psicologia daquela época em que "qualquer um" se iniciava "em qualquer lugar", ou se as afirmações de Apuleio indicam um acontecimento de transformação psicologicamente autêntico.

existência mais elevada — a todos esses estágios Eros não chega através da sua atividade, mas através das ações e dos sofrimentos de Psiquê. Sempre é *ela* quem começa, sofre, realiza e termina, de tal forma que finalmente também a visão divina de Eros é determinada pela atividade amorosa e reconhecida da parte feminina, da Psiquê humana.

O Eros do mito de Psiquê, mas também Lúcio, perfazem todos os estágios da iniciação de Ísis sem que a atividade parta do eu masculino, mas sim da iniciativa feminina. Em ambos os casos o processo — tanto no bem como no mal — é realizado pelo feminino, até mesmo contra um relutante e passivo eu masculino. Esse tipo de desenvolvimento, no entanto, em que a "espontaneidade de Psiquê" e sua energia vital orientadora dá o exantema e determina a vida do homem, é conhecido tanto na psicologia do ser humano criativo como na psicologia da individuação. Em todos esses processos, em que "a psique dirige" e o masculino obedece,[*] o eu desiste do seu papel de líder e é orientado pela totalidade. No caso do desenvolvimento psíquico, no qual o não eu, o *self,* comprova ser o centro, trata-se de um processo de criação e de um processo de iniciação num só processo.

---

[*] Esses desenvolvimentos são mais conhecidos quando uma parte da estrutura da psique masculina, um aspecto parcial de sua totalidade orientadora, leva à *anima.*

Enquanto no mito de Psiquê a individuação feminina conduz até a mais elevada união do feminino com o amante divino, o romance de Apuleio termina, como que para completar essa iniciação feminina através do masculino, com Lúcio tomando conhecimento do Mistério de Ísis, no qual a Grande Mãe se revela como Sophia e como o "Eterno Feminino".

Quando Apuleio reza: "Tu, sem dúvida, divina e eterna salvadora da raça humana, protetora sempre carinhosa dos mortais, manténs uma simpatia docemente maternal pelas desgraças dos infelizes... Te veneram os superiores, te servem os inferiores; giras o universo, iluminas o sol, reges o mundo, esmagas o Tártaro. A ti obedecem os astros, por ti regulam-se as estações do ano, contigo alegram-se os espíritos, de ti são escravos os elementos," e quando ele termina: "Tuas feições divinas e teu ser sagrado, encerrado no âmago do meu peito, sempre hei de guardar cuidadosamente diante dos olhos," então essa oração é a extraordinária ressonância do cântico que surgiu quase dois mil anos depois, no qual já se ouve a voz e se vê a imagem de Psiquê:

Blicket auf zum Retterblick
Alle reuig Zarten,
Euch zu seligem Geschick
Dankend umzuarten.
Werde jeder bessre Sinn

Dir zum Dienst erbötig,
Jungfrau, Mutter, Königin,
Göttin, bleibe gnädig.

[Olha sempre para o olhar salvador / tão contrito e delicado / Agradece a habilidade celestial / de poderes te transformar. / Põe a serviço dela, / Donzela, Mãe, Rainha, / Todos os teus sentidos. / Ó Deuses, têm piedade!]

EPÍLOGO

A história de Eros e Psiquê, que nos foi contada em *O Asno de Ouro* de Apuleio, não é patrimônio espiritual desse autor. O que foi reconstituído como um conto de fadas em 124 a.C., por Apuleio, na realidade tem origem em tempos bem mais remotos.[*]

---

[*] A informação de Fulgêncio de que Apuleio teria se inspirado no conto de fadas do narrador grego de histórias, o ateniense Aristófanes,

Como em quase todos os contos de fadas, também neste há um conteúdo mitológico, que foi excluído da mitologia reconhecida pela cultura dominante. Mas as características especiais do mito de Psiquê vão muito além, chegando a conter mitos, como por exemplo o conto de fadas egípcio de Bata, que preservou o mito original de Ísis e Osíris. O que nos fascina no relato de Apuleio é que, ao lado da plenitude de traços e de inter-relacionamentos mitológicos que apresenta, ele também explica que esses traços representam um desenvolvimento cujo conteúdo é exatamente a salvação do indivíduo no modelo mítico, a libertação da psique.

Durante os últimos séculos, a pesquisa tomou conhecimento de uma abundância de possíveis e verdadeiras fontes e influências que acabaram por se introduzir no mito de Psiquê.

Mas, para nós, essa discussão tem um interesse apenas secundário. Pois os psicólogos se ocupam com a unidade significativa do todo na relação que tem com suas partes; eles não se interessam tanto pela origem e história de cada uma das partes isoladas que acabaram por formar o todo. Essa tarefa é deixada para os filólogos e para os historiadores da religião.

Mas, assim como o significado do sonho só se torna visível depois da amplificação de suas partes, também aqui, para

---

tampouco nos esclarece quanto ao fato de essa obra-prima da época clássica ter-se tornado conhecida.[44]

a captação do sentido da compreensão da nova síntese, o material transmitido é conclusivo. Que a pesquisa comparativa encontrou uma abundância de temas pertencentes aos contos de fadas no mito de Psiquê,[45] nem é surpreendente nem muito elucidativo, pois isso apenas afirma que aqui e ali transparecem os mesmos motivos arquetípicos. Para nós, não importa saber se se trata de uma renovação ou do ressurgimento espontâneo desses temas.

Quando dizemos que nesse relato "o destino da alma humana que passa por inúmeras provas seria explicado segundo o modelo das alegorias platônicas",[46] esse julgamento está simplesmente correto; contudo, na sua formação geral está errado, tal como é incorreta a substituição de símbolos platônicos por alegorias.

O rumo da interpretação que o mito de Psiquê tenta manter excluindo os "platonismos" de Apuleio também deve ser recusado por ser unilateral, como qualquer interpretação que ignore a complexidade bem como a originalidade característica do mito de Psiquê. Ainda nos ocuparemos com o fato de que a tradição transmitida por Platão foi importante para a formação do mito de Psiquê.

Dizer que a narrativa de Psiquê se tenha tornado mais clara[47] do que na interpretação platônica, em que se vê a "finalidade moral" *O Asno de Ouro*, também é contraproducente. Como tantas vezes, também aqui a intuição de Bachofen[48] descobriu e apontou os inter-relacionamentos mais importantes. Nossa interpretação está de acordo com a dele somente em alguns pontos, porque não está mais limitada pelas exigências da moral idade cristã da sua época e porque se fundamenta em elementos da psicologia profunda; mas, excluindo-se isso, ele tem o merecimento de ter compreendido pela primeira vez, na história de Psiquê, um aspecto essencial do desenvolvimento da alma da mulher.

Aqui devemos citar o trecho extraordinário dos direitos maternais de Bachofen,[49] em que ele equipara Eros a Dioniso e descobre situações essenciais da psicologia feminina, e o longo capítulo sobre o mito de Psiquê na "simbólica dos túmulos".[50]

Uma cooperação significativa para o conhecimento dos trechos cuja síntese o mito de Psiquê que temos diante de nós apresenta é a prova dada por R. Reitzenstein sobre uma deusa Psiquê oriental.[*51]

---

* Na nossa interpretação, não falamos em Cupido e Psiquê como o quer o texto de Apuleio, que mistura deuses romanos e gregos, mas falamos de Eros e Psiquê e fizemos essa retradução com base na mitologia grega. Não se trata de pedantismo filosófico, que seria totalmente inadequado a esse texto, o fato de termos traduzido o nome dos deuses romanos para o grego. O meio dos deuses frívolos da época romana de Apuleio, com a qual Psiquê se relaciona, constitui o encantamento literário da narrativa, que não deixamos de reconhecer; mas na nossa interpretação, que acentua especificamente os traços míticos, é mais correto falar dos mistérios eleusinos de Deméter e não de Ceres, e é mais interessante falar da

Se ele conseguiu provar a existência de Eros como um garoto, um deus vivo, segundo o papiro mágico egípcio, e que é descrito como "morador do mui cobiçado palácio e senhor de belos aposentos", mas também como "dragão alado", nesse caso isso também é significativo, tal como a descoberta de uma deusa Psiquê, que "traz o movimento e a espiritualização ao universo e algum dia, quando o mundo for conduzido por Hermes, trará a alegria", e cujo parceiro é um monstro-dragão onisciente.

A sugestão da Gnose contemporânea de Apuleio e seu conteúdo é fecundo, embora também ela, como veremos, não nos leve muito adiante. Reitzenstein sugere a visão gnóstica, embora despercebida, de que Deus se associa à alma dos escolhidos e que estes recebem dele o germe da imortalidade. Esse esposo invisível precisa manter-se fiel à alma em todas as necessidades e durante todas as tentações, a fim de que, depois da morte do corpo, ela possa realmente contemplar Deus e celebrar com Ele as núpcias celestiais.[53]

Com razão, Reitzenstein cita que em Filo,[54] "no mistério de Baco, o estado de êxtase e de deslumbramento espiritual é

---

senhora de Argos como Hera e não como Juno. Contudo, mais importante do que isso, é que as associações ligadas à grande deusa feminina são com Afrodite e não com Vênus, e que o amante e esposo de Psiquê neste mito — ao contrário da apresentação maldosa e difamadora dos antigos[52] — não é mais Amor ou Cupido, mas o todo-poderoso deus Eros.

descrito como o ser arrebatado por Eros", dizendo também que ainda no tempo atual, por exemplo, no Egito, há a concepção da noiva entregue ao espírito de Zâr. A menina é entregue a esse espírito factício em casamento. À mesma correlação pertencem "os estados de possessão" por um espírito, fato que conhecemos da demonologia de todas as épocas.*

Isso, contudo, significa que se trata de um acontecimento arquetípico, que se desenrola entre o feminino e um espírito masculino invisível, e que, como acontece em toda experiência mística, pode ser verificado através de todas as "fontes" apresentadas.

Olhando mais atentamente, a semelhança dessas "fontes" com o mito de Psiquê é avaliada através de uma grande quantidade de diferenças, e se descobre — o que não podemos provar — que a semelhança, na maioria das vezes, é arquetípica, mas as diferenças são específicas. Portanto, quando, por exemplo, Reitzenstein compara o mito de Psiquê com o mito gnóstico, no qual Psiquê é roubada pelo príncipe das trevas e finalmente é libertada outra vez pela pleromática divindade mais elevada.

O dualismo típico da Gnose iraniana é totalmente diferente da estrutura dupla do Eros no mito de Psiquê, pois é justamente

---

* Compare com essa informação os interessantes dramas de Anski: *Der Dybuk* [*O Dybuk*], *Zwischen zwei Welten* [Entre dois mundos], em cujo centro existe essa possessão amorosa.

o contrário, isto é, trata-se da síntese dos opostos, que é experimentada através do parceiro, de Eros. Pode-se dizer o mesmo da construção de Reitzenstein de um mito da Psiquê oriental, segundo o qual ela teria matado Eros e teria ido originalmente ao inferno a fim de buscar para ele a água da vida. Não que esse mitologema oriental que conhecemos de Íshtar e de Tamuz nada tenha a ver com o mito de Psiquê;* a verdade é que no mito de Psiquê a ênfase está exatamente no contrário.

Se um mitologema oriental como esse tivesse influído no mito de Psiquê, ele teria sido elaborado de forma bem diferente, e é isso que é decisivo na questão. O mesmo vale para a interpretação de Kerényi, que tenta comparar a "deusa na concha"[57] com Psiquê. Se ele coloca lado a lado, e com razão, o par Ariadne-Teseu-Dioniso e a deusa na concha e seu parceiro, e interpreta a concha como o que o homem tem de "encher", então essa postura de concepção e de necessidade de salvação representa exatamente o contrário daquilo que é o ponto central no mito de Psiquê, exatamente a sua atividade, que lhe traz a salvação. Somente a situação final pode, como mostramos, ser provada, essa "problemática da plenificação". Mas exatamente essa situação final mística é arquetípica, e não precisa, portanto, de nenhuma "derivação" histórico-religiosa.

---

* A terracota egípcia de Psiquê e Eros, que Reitzenstein[55] e, depois dele, Kerényi[56] quiseram interpretar como se Psiquê estivesse matando Eros, não representa nada disso!

Enquanto o mito de Psiquê que temos em mãos, e seu relacionamento entre Eros e Psiquê, só pode ser associado de forma vaga e imprecisa com o mitologema oriental, esse mito da Grécia antiga está em sua forma posterior de conto de fadas bastante mais próximo de Apuleio. Embora não conheçamos nenhum texto desse conto de fadas, sabemos de inúmeras antigas apresentações que, com certeza, nele Eros não gosta de apenas uma Psiquê — muitas vezes apresentada como borboleta (Psiquê significa mariposa) —, mas que ele mesmo também é atormentado por uma Psiquê leviana exatamente da mesma maneira.[58] Mas com isso são demonstrados temas básicos antigos e que não aparecem no mito acima mencionado de Psiquê. No mito de Psiquê demonstra-se significativamente o fato de que não só a alma humana é purificada e esclarecida passivamente, mas que ela também transmite ativamente o mesmo ao Eros que ama. Não é apenas Psiquê que se transforma nele, mas em sua habilidade está indissoluvelmente contida a do parceiro, Eros. Mas isso transforma o mito de Psiquê num mito do relacionamento entre o homem e a mulher.

Acompanhar mitologicamente a história deste Eros excede em muito a nossa competência. Mas não é por acaso que essa história sempre está associada aos "Mistérios Matriarcais". Eros, como filho de Afrodite, torna-se Hórus[59] quando se estabelece um paralelo, demonstrando assim sua ligação com o enorme âmbito dos mistérios matriarcais dominados por Ísis, a mãe de Hórus. Uma pesquisa mais recente,[60] diz que o velho Eros grego é o sucessor do jovem deus da Creta pré-grega, isto é, uma adequação da divindade juvenil masculina que pertence à Grande Mãe como Adônis e Átis. Com a origem de Creta, seja como for, chegamos mitologicamente ao pré-patriarcal, ou seja, à camada matriarcal das culturas mediterrâneas, cujas raízes remontam à pré-história.[61]

Por último, e como algo muito importante, cabe nessa correlação a introdução de Eros no *Banquete* de Platão através de Diotina, caracterizada por Sócrates bem claramente como uma sacerdotisa dos Mistérios Femininos.*

Num estudo sobre o "Grande Demônio do Banquete"[63] Kerényi interpretou magnificamente este Eros e seu mistério. A obra do mistério é "Conceber e dar à luz a Beleza", o portar "um filho misterioso, que torna tanto o corpo como a alma prenhes pela sua presença", uma gravidez que testemunha a presença e a atuação de Eros. A plenitude dessa gravidez, fruto do desejo de Eros, é de "dar à luz a Beleza". A forma mais elevada deste nascimento é, como Sócrates ensina sobre os Mistérios Matriarcais de Diotina, o autonascimento no "renascimento dos iniciados como seres divinos".

---

* Também temos de agradecer a Bachofen o conhecimento das correlações da Diotina mantineica com o pelágico-matriarcal, isto é, com o circulo pré-helênico.[62]

Indubitavelmente, caso Apuleio a entendeu no sentido que lhe foi atribuído por Kerényi, no sentido platônico, essa indicação através de Diotina tem de se associar com os mistérios iniciáticos de Ísis e seu correspondente eleusino, bem como com seu precedente, um antigo conto de fadas de uma Psiquê sofredora. Além disso, ele pode ter sofrido influências gnósticas e orientais na elaboração desse conto de fadas mítico. Mas o que sempre nos chama a atenção nesse mito é exatamente sua singularidade e a singularidade da psicologia feminina que nele transparece, e que não pode provir de uma fonte única. Ela só se torna compreensível à luz de um cenário da antiga "psicologia matriarcal" que pode ser comprovada como uma camada psíquica atuante em um sem-número de mitos, ritos e mistérios.

Mas, se olharmos agora mais uma vez para trás e perguntarmos como é possível que o mito de Psiquê, embora represente o cerne da psicologia feminina, fosse transmitido por um homem que ajudou a formá-lo, a resposta a essa questão não é mais tão enigmática assim. Pois, objetivamente, nele influem múltiplos fluxos de psicologia matriarcal que provêm da época pré-patriarcal dos antigos. A forte influência egípcia atuou através dos Mistérios de Ísis, sobre os Mistérios iniciáticos do helenismo e os Mistérios de Elêusis, bem como os Mistérios gregos e pré-gregos de Eros têm origem na cultura matriarcal mediterrânea pré-grega, que influenciaram Platão e o platônico Apuleio através da Diotina mantineica. Os mitos e mistérios de Afrodite também não são gregos, mas pertencem ao âmbito da Grande Mãe da Ásia Menor, da qual todas as deusas gregas são aspectos parciais. Os mitologemas orientais que podem ser incluídos aqui, como por exemplo o de Íshtar, também são matriarcais como mitologemas da Grande Mãe com o filho adolescente, e os mitos gnósticos mostram visivelmente a luta de uma crescente ideologia masculino-patriarcal contra o antigo domínio do arquétipo da Grande Mãe através de seu arquetípico mundo celestial de espíritos.[64]

Essas realidades culturais objetivas transformaram-se para Apuleio, bem como para muitos que viveram na sua época, em experiência subjetiva através de uma iniciação nos Mistérios de Ísis, que ele menciona em *O Asno de Ouro* e no qual a psicologia matriarcal é revelada como a experiência pessoal do masculino.

A partir daí, no entanto, a experiência iniciática da religião tornou-se a experiência pessoal do indivíduo Apuleio, na medida em que ele é um dos homens mais criativos a cujas experiências essenciais pertence o fato de ele, tal como uma mulher, ter de dar à luz sua obra e que em seu íntimo é dominado pela psique.

NOTAS BIBLIOGRÁFICAS

1. Jung-Kerényi, *Einführung in das Wesen der Mythologie* (Introdução à essência da mitologia).

2. H. J. Rose, *Handbook of Greek Mythology* (Manual de mitologia grega), p. 141.

3. P. Philippson, *Thessalische Mythologie* (Mitologia tessálica), p. 88.

4. P. Philippson, *Thessalische Mythologie,* p. 85.

5. R. Reitzenstein, *Das Märchen von Amor und Psyche bei Apuleius* (O conto de fadas de Amor e Psiquê por Apuleio), p. 80, Berlim, 1912.

6. Th. Picard, *Die Efhesia von Anatolien* (A efésia de Anatólia), Anuário de Erano de 1938.

7. Do autor, *Ursprungsgeschichte des Bewusstseins* (História primordial da consciência).

8. J. J. Bachofen, *Versuch über die Gräbersymbolik der Alten* (Ensaio sobre a simbólica dos túmulos antigos), pp. 93 ss., edição Bernouilli-Klages.

9. A viagem ao inferno de Íshtar, A Desgraça, A Religião dos Babilônicos e dos Assírios.

10. K. Kerényi, *Töchter der Sonne* (As filhas do sol), p. 165.

11. Obra citada do autor.

12. Friedländer, *Darstellungen aus der Sittengeschichte Roms* (Apresentação da história dos costumes de Roma), 9ª e 10ª edições — O. Weinrich, vol. IV, cap. X, O conto de fadas de Amor e Psiquê.

13. K. Kerényi, *Urmensch und Mysterien* (O homem primitivo e os mistérios), Anuário de Erano XV.

14. K. Kerényi, *As filhas do sol,* pp. 30 s.

15. Obra citada do autor.

16. Aelian, *Varia Hist.* III 42.

17. Stesichoros, segundo K. Kerényi, *As filhas do sol*, p. 28.

18. K. Kerényi, *As filhas do sol*, pp. 81s.

19. Do autor, *Über den Mond und das Matriarchale Bewusstsein* (Sobre a lua e a consciência matriarcal), Anuário de Erano, XVIII.

20. Obra citada do autor.

21. Obra citada do autor.

22. R. Briffault, *The Mothers* (As mães).

23. Levy-Bruhl, *Die geistige Welt der Primitiven* (O mundo espiritual dos primitivos).

24. Jung, *Das Tibetanische Totenbuch*, Editora Evans-Wentz — O livro tibetano dos mortos, Editora Pensamento.

25. K. Kerényi, *As filhas do sol*, p. 170.

26. Jung-Kerényi, obra citada.

27. Jung-Kerényi, obra citada.

28. Obra citada do autor.

29. Obra citada do autor.

30. Obra citada do autor.

31. Do autor: *Die mythische Welt und der Einzelne* (O mundo mítico e o indivíduo), anuário de Erano XVII.

32. C. G. Jung, *Über die Beziehung zwischen dem Ich und dem Unbewussten* (Sobre a relação entre o eu e o inconsciente).

33. Do autor; *Sobre a lua,* obra citada.

34. Obra citada do autor.

35. O. Weinreich em Friedländer, obra citada.

36. Tradução de Pressel e de E. Norden de *Griechische Märchen* (Contos de fadas gregos), Editora Diederich.

37. Tejobundo-Upanishad 8, Deussen 60, Upanishads, p. 665.

38. C. G. Jung, *Das Geheimniss der Goldenen Blüte* (O segredo da flor de ouro).

— Jung-Kerényi, obra citada.

— C. G. Jung, *Psychologie und Alchemie* (Psicologia e alquimia).

— C. G. Jung, *Gestaltungen des Unbewussten* (Formações do inconsciente), entre outros.

39. R. Reitzenstein, *O conto de fadas de Amor e Psiquê,* ver acima.

40. Dibelius, *Die Isisweihe bei Apuleius und verwandte Initiationsriten* (A solenidade de Ísis por Apuleio e outros ritos iniciáticos), relatório de uma conferência na Academia Científica de Heidelberg, 1917.

41. P. Philippson, obra citada.

42. J. J. Bachofen, obra citada.

43. Obra citada do autor.

44. E. Rhode, *Der Griechische Roman und seine Vorläufer* (O romance grego e seus precursores), p. 371, nota.

45. Friedländer- Weinreich, obra citada.

46. F. Ilmer, Einleitung S. III z. Apuleius, *Der Goldene Esel*, p. III da introdução a Apuleio — *O asno de ouro*, Editora Propyläen.

47. F. Ilmer, p. IV, obra citada.

48. J. J. Bachofen, obra citada.

49. J. J. Bachofen, *Das Mutterrecht* (O direito maternal), Benno Schwabe, 1948, II, p. 585.

50. J. J. Bachofen, *Ensaio sobre a simbólica dos túmulos antigos*, p. 94.

51. R. Reitzenstein, *Die Göttin Psyche* (A deusa Psiquê), relatório de um encontro na Academia de Ciências de Heidelberg, 1917.

52. Jahn, *Bericht über einige auf Eros und Psyche bezügliche Kunstswerke* (Relatório sobre algumas obras artísticas referentes a Eros e Psiquê), 1851. — R. Pagenstecher, *Eros und Psyche*, 1911. — R. Reitzenstein, *Eros und Psyche in der altägyptisch-grichischen Kleinkunst* (Eros e Psiquê nas manifestações artísticas do antigo Egito e da Grécia antiga), 1914.

53. R. Reitzenstein, *Die Göttin Psyche* (A deusa Psiquê), p. 25, obra citada.

54. Philo, de vita conto. 473 M.

55. R. Reitzenstein, *A deusa Psiquê*, obra citada.

56. K. Kerényi, *Die Göttin mit der Schale* (A deusa com a concha), em "Niobe".

57. K. Kerényi, *Niobe*, obra citada.

58. Jahn, obra citada.

59. A. W. Persson, *The Religion of Greece in Prehistoric Times* (A religião da Grécia na idade pré-histórica), Universidade da Califórnia, 1942, p. 119.

60. A. W. Persson, obra citada, p. 151.

61. G. R. Levy, The Gate of Horn (O portal de Horn), — G. Thomson, *Studies in Ancient Greek Society* (Estudos sobre a sociedade grega antiga), *The Prehistoric Aegean* (O Egeu pré-histórico).

62. J. J. Bachofen, *Das Mutterrecht* (O direito maternal), ver acima, II. pp. 844s.

63. K. Kerényi, *Der Grosse Daimon des Symposion* (O grande demônio do banquete), *Albae Vigiliae* XIII.

64. Obra citada do autor.